地主のための資産防衛術

芝田泰明

GENTOSHA

JN006910

この本を、芝田本家を守るために全てを私に託すと
決断してくれた祖母、故・芝田喜久子に捧げます。

地主のための資産防衛術　目次

第1部　地獄のような相続争い　実録編

1章　11代続く久右衛門家の最大の危機

2章 親族との泥沼裁判

3章 やられたらやり返す

第2部 不動産会社・銀行・身内から資産を守れ　実践編

4章 「地主業」とは「守る」「増やす」「つなぐ」仕事

5章 「地主はいつも狙われている」と心掛ける

6章　地主業1年目、これだけはしておこう

7章 どんなにいい取引先も疑ってかかれ

8章 損をしない経営・交渉・相続術

装丁／田中和枝（フィールドワーク）
DTP／美創
出版プロデュース／株式会社天才工場　吉田浩
編集協力／上村雅代、曽田照子

第1部
地獄のような相続争い

実録編

「何かを学ぶのに、自分で経験する以上に、いい方法はない」

アインシュタイン

1章
11代続く久右衛門家の最大の危機

プロローグ

三十数年前、私の叔父は、田んぼの真ん中に書店を建てました。

いわゆる「郊外大型書店」の走りでした。

そこは私の祖母（叔父の母親）名義の土地でした。開店のタイミングも、立地もよかったので、その書店は大いに繁盛しました。叔父は、テナントを借りて2号店、3号店と支店を増やし、レンタルビデオ店やインターネットカフェなど書店以外にも手を広げ始めました。

バブル景気の勢いに乗って、商売は長期にわたって右肩上がりが続き、最盛期には8店舗、従業員170名を抱える大所帯になりました。

いつしか叔父は地元の名士となり、どこへ行っても「社長、社長」と下にも置かない歓待を受けるようになりました。

そして、彼の周囲では、彼の言葉は絶対の威力を持ち始めました。叔父が「白」と言えば黒いものも白くなるような空気が醸成されていたのです。

その「空気」はバブルが去ってもそのまま続きました。誰ひとりとして「それは間違っている」と指摘できぬまま突き進み、いつの間にかずれた軌道は、取り返しのつかないところまで進んでしまったのです。

当時、小学生だった私は、その書店がオープンして、繁盛していった様子を覚えています。

その頃は、盆や正月ともなると本家である私の家に親戚一同が集まり、大勢で宴が繰り広げられるのが常でした。賑やかに酒を酌み交わす大人の男たちと、おしゃべりに余念がない大人の女たち。日本中どこにでもある、ごく普通の親戚同士の風景でした。普通の親戚と違っていたのは、そこに集まっていたのが同族会社という同じ船に乗る運命共同体だったことですが、子どもだった私にはそんなことを知るよしもありません。

叔父が社長で、父母・祖父母・叔母が役員。親戚みんなでひとつの会社を仲良く切り盛りする、そんな平和な関係が、この先もずっと続くと思っていました。

どうやらうちは資産家らしい、と知ったのは小学生の頃でした。大型書店の成功により友達の誰かが気付き「金持ち、金持ち」とはやしたて始めました。中学生になると「マンガをタダでちょうだい」と言われ、高校生になると「お前の店で万引きしてやった」とまで言われました。

嫌な気持ちでした。同じ人間なのに、大型書店が成功したことでいじめられるのか。好きでこの家に生まれてきたわけじゃないのに、そう思いました。

友達が私を攻撃し、傷つけたのは「嫉妬」という感情が原因なのだと理解できたのは、ずっと後のことでした。

家が資産家なのは生まれつきで、自分の才覚で得たものではありません。生まれつきくわえていた銀のスプーンを、私は心のどこかで後ろめたく思いながら大きくなりました。

大学を卒業すると、私は大阪のマンションデベロッパーに就職しました。新卒の私にゼネコンの所長と交渉をさせるような「むちゃぶり」をする会社でしたが、おかげで硬軟ありとあらゆる交渉術を学ぶことができました。

当時、経営コンサルタントに憧れていて、1年間就職活動を続けた結果、その粘りを買われて入社することができました。経営コンサルタントの仕事は多岐にわたっていました。なかでも資料作りが得意になり、最後には、社長が訴えられた際の裁判資料を作るまでになりました。

いつしか私は「起業する」ことを夢見るようになっていました。ちょうどライブドアの堀江貴文氏がニッポン放送やフジテレビの株を買い、マスコミに華々しく登場した頃です。自分の実力で巨大な富を築いたホリエモンがたまらなく格好良く見え、テレビに彼が映るたび、私は「よし！　自分の力でやってやろう！」と決意を新たにしていました。

「お前にできるわけがない」

そう言って、水を差したのは父でした。起業の話題だけでなく、いつもそうでした。

就職で悩み、相談したとき父は「どんな会社でも思いっきりやればよい」と言ってくれました。しかし直後に、「でもお前が俺を抜くことはない」と言い放ちました。そんな父が私は苦手、正直に言えば嫌いでした。

ライブドア事件でホリエモンが逮捕された翌年、私は大阪の会社を辞め、今度は東京の経営コンサルタント会社に就職しました。

地元を、親元を離れて、自分の力を試してみたいと思ったのです。しかし、兵庫県に実家があることから大阪事務所立ち上げメンバーに加わることになってしまいました。「意地でも実家に帰りたくない」と言って東京に住み、上司や同僚達に呆れられつつも東京から大阪に出張しながら仕事をこなしていました。

親戚の手前もあったため盆と正月くらいは帰省しましたが、その頃の私と実家との関わりは、母から時折届く野菜と手紙、私からは短いお礼だけでした。

お盆に帰省した際に、珍しく父が私に相談をもちかけてきました。父は顧問税理士法人が作成した同族会社・芝田グループの収支表を私に見せながら言いました。

「お前、経営コンサルタントをやっているんだろう？　今、会社が最悪の事態になっている。どうすればいいと思う?」

叔父のデタラメな経営により、同族会社は傾き、今も借金が増え続けている。顧問税理士法人の経営コンサルタントである担当部長が返済計画を立ててくれたが、土地を売却して返済することになる。バブル時代には何十億もの価値があった芝田家の土地は、現在たった数億円の価値しかなく、希望通りの値段で売れるかどうか分からない。

とにかく借金が多すぎる、このままでは本家の家屋敷も売って、所有している古い貸家に移らなければならなくなってしまうかもしれない……。

借金が増え、父は追い詰められて私に相談してきたのでした。藁《わら》にもすがる心地だったのかも知れません。

しかし、経営コンサルタントであるといっても上っ面の事実と論理を集めて話すだけ、経営の経験などないのですから、経営の本質なんか知りません（少なくとも当時の私はそうでした)。私は父を追い込むほど借金が多額であったことも知りませんでしたし、借金を抱えた父の心労がどれほどのものか、想像すらしませんでした。

結局、「顧問税理士法人に任せておいたらいいいんじゃないか」としか答えられませんでした。

父は「そうか」とだけ言って、肩を落としました。今でも、あの時もう少し私が地主としての自覚を持っていたら、と後悔しています。

父が自死を選んだのは、その2年後のことでした。

私は東京に戻り、転職した大手IT企業で実績を上げ、その勢いで上司が誘う投資ファンドの設立に参画しました。しかし、蓋を開けてみると、それはとんでもなく嘘にまみれた酷い話の連続でした。「100億円調達できている」と言いながら、実際に調達できていたのは4億円にも満たないなど、現場は混迷を極め、私は自分自身の未熟さを痛感すると同時に人間の狡猾さを思い知らされました。

結局、使い捨てられる形で私はその会社を後にしました。

何もかもがうまくいきませんでした。しかし、実家には戻りたくない、まだ東京でやりたいことがあると思っていました。

2012年4月。私は何度目かの就職活動を開始しました。

3社の面接が決まり、この中のどこかの会社に入社できればいい、そう思っていた矢先のことです。

父の死

携帯電話に母からの着信がありました。

「またオヤジか」

その頃、父は会社の経営状態を思い詰め、精神を病んでいました。

それ以前にも父は何度か自殺未遂をしたことがありました。「本格的に危なそうだから帰ってきてくれないか」という趣旨の手紙が届いたこともありました。母からの電話はきっと父のことだ、無視しようと思いましたが、できませんでした。

折り返し電話をかけると、母は「お父さんが、危篤……」と言って、泣き崩れました。

実家に近い病院に私が着いたのは、23時を回っていました。深夜の待合室には、母と叔父がいました。

瀕死の状態の父を前に、医師は「延命措置をするかどうかはご家族が判断してください」と言いました。

本人の意思を思うと、延命は選べませんでした。

医師に延命しないことを告げた後、私は叔父に聞きました。

「父から、会社には相当な額の借金があると聞いている。父の死によって、莫大な相続税がかかったり、会社の経営に支障をきたしたりはしないか？」

叔父は「そんなことは絶対にない」とまじめな表情で断言しました。

「もしも最悪の事態が起こったとしても、マンションとアパートと貸家は残せて、他の土地を売却すれば、借金のほうは心配しなくてよい」

叔父のその言葉に私は一応は安心し、父が旅立つのを見送りました。

商売上の都合や見栄もあったのでしょう、叔父は父の死因が自殺であることを公にしたがらず、特に叔父と父の実母である祖母には隠しました。「精神安定剤を飲みすぎてフラフラな状態で自転車に乗り、倒れて頭を打った」という意味のことを伝えていました。

人の生死に関わることで、そんな嘘を平然と話す叔父に、私はなんとも言えない違和感を抱きました。

やがて、その違和感は根拠のあるものだと判明しました。

父の葬儀の喪主は、長男である私が務め、滞りなく執り行いました。

葬儀後3週間で、東京での生活を引き払い、私は実家に戻りました。

四十九日が過ぎ、実家で読書三昧の日々を送っていました。

家業を継げと誰かにはっきり言われたわけではなかったし、親族と仕事をするのも嫌だったので、もとより継ぐつもりもなかったのですが、母と祖母の精神状態が心配だったのです。私はこのまま実家にいたほうがいいのか、東京で叶えられなかった上場の夢を追って関西のベンチャーにでも就職しようかと、ぼんやり考えていました。

そんなある日、叔父からゴルフに誘われました。どうしてこの人は私をゴルフに誘うのだろう、何か裏があるのかと思いながらも、誘われるままに出かけていきました。

叔父によると「経営難から同族会社は経営を縮小している。最大8店舗あった店は3店舗になり、リストラも進んでいる」。さらに旗艦店である本店も閉める予定だ、という意味のことを母を通して事前に聞いていました。

叔父からは具体的な経営状況、借金の額など数字をはっきり知らされないことに違和感を覚えながらも、この時点では「叔父に任せておけばいいのだろう」と漠然と思っていました。

7億の負債

2012年10月、顧問税理士法人の担当部長（以降、税理士法人部長）から連絡がありました。

父の相続の話のほか、叔父から指示を受けて同族会社の負債状況を私に説明するというのです。

当日、税理士法人部長は挨拶もそこそこに本題に入りました。

「叔父さんが代表のA社には、借金が7億円あります」

「7億⁉」

借金があるのは知っていましたが、その金額の大きさに驚きました。あの父が思い詰めてうつ病を患い自死を選ぶのも無理はないと思いました。胸がドキドキして手足が震えました。

税理士法人部長は話を続けました。

「現在、利息だけでも月150万円以上払っています。この借金を返済するには、抵当権の付いている本家の土地を売却するしかありません」

分家の人間である叔父が創業したA社の借金のために本家の土地を売る、一見筋が通らないようですが、それには経緯がありました。

叔父が本家の土地を抵当に入れた理由は、次の通りでした。

話は2009年3月に亡くなった祖父の相続にさかのぼります。

祖父の相続人は、配偶者である祖母、それに私の父、父の弟である叔父、その妹である2人の叔母でした。

叔父の経営するA社には当時すでに多額の負債がありました。それを返済するために、相続財産のひとつである土地を売却するという計画になっていました。

売るための便宜を考えて、祖父の相続財産は長男である父に集中させていました。父が売却してその金を借金返済に充てるという計画でした。叔母たちの相続財産は減るものの、叔父の会社に莫大な借金があることは知っていたうえ、叔父の会社から給料や役員報酬を受け取る立場だったので、何も言えませんでした。

しかし、父は2012年5月に急死してしまいました。

税理士法人部長は父の財産の相続について、この、叔父の借金の返済計画に沿った形で行ってほしい、と要望を出してきました。

具体的には、配偶者控除を受ける私の母にある程度の財産を集中させて、物件によっては私が相続、妹は現金を相続する、ということでした。

つまり叔父は、何ら責任のない母や祖母、私といった本家の人々に、自分の作った

芝田家の家系図

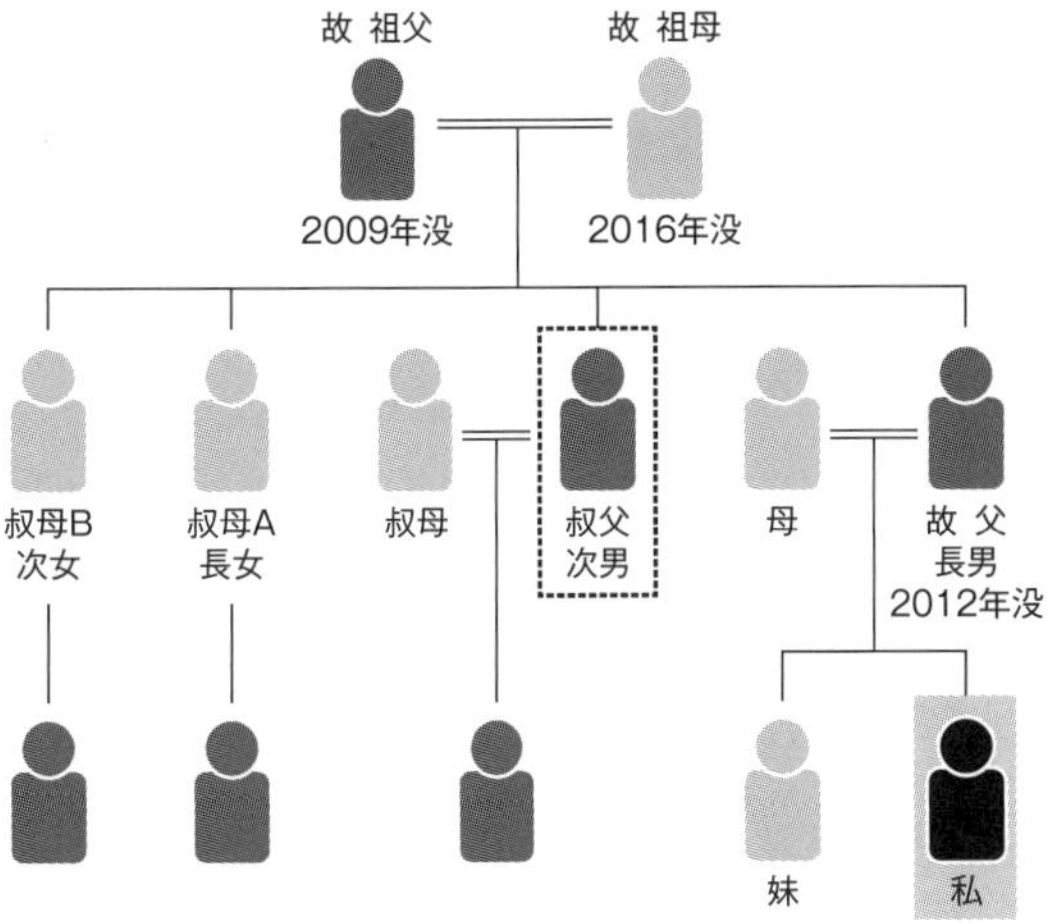

借金の尻拭いを押し付けようとしているのです。

信じられないほど一方的な話です。あまりの図々しさに、私は怒りを覚えました。

「この説明は、本来叔父自身が私にするべきだ。なぜ叔父はここに来て自分で説明しないのか。これ以上私達に迷惑をかけるのであれば正面から戦う、と伝えて欲しい」

税理士法人部長にそう言いながらも、私はまだ事態を甘く見ていました。

同時に、こうも考えていたのです。

「借金はあるが、大手税理士法人の役

職にある税理士や中小企業診断士がきちんとコンサルしてくれているのだ、これ以上まずいことにはならないだろう」今思えばあまりにのんきだったと自分に呆れますが、その頃の私は、人に対してまったくの「性善説」で考えていたのです。

私にはまだ地主の自覚というか「土地、財産を守る」という気持ちはなく、自分は継がない、母と叔父がやっていくだろうと思っていました。どの土地を、いつ誰に、いくらで売るかということさえ他人任せだったのです。

芝田グループの税務・経営支援は全て顧問税理士法人に任せていたため、どの不動産からいくらの収入があるかを把握しているのは、税理士法人部長と叔父だけだったのです。

当時の状況

2012年12月の時点で、芝田家には3社のグループ会社がありました。

ひとつは本家の資産管理法人として1990年に設立、資本金300万円の㈱芝田久右衛門。これは先祖代々相続してきた所有地を利用した不動産賃貸業で、現在も、私が社長として経営しています。

もうひとつが、叔父が代表を務める㈱A社。7億もの借金を作った元凶でした。1985年設立、資本金4800万円。郊外型の大型書店としてスタート。レンタルビデオ店、インターネットカフェへと事業を展開。最盛期は売上高15億円、8店舗、従業員数170人でしたが、リストラが進み、2012年当時には3店舗にまで縮小し、父の死により旗艦店も閉店することが決まっていました。

3つめの会社が1996年、叔父が資本金1000万円で創業した㈱B社。インターネット関連業でしたが赤字続き（この時点では存続していましたが2016年に解散、最終的に私が訴訟を仕掛けたことにより2020年に清算しました）。

また、当時の芝田グループの所有不動産は次の通りでした。

・本家自宅
・貸倉庫
・貸店舗1（書店）
・貸店舗2（雑貨店）

芝田グループ全体の所有不動産

・月極駐車場1
・月極駐車場2
・賃貸マンション
・貸家
・アパート
・畑

当時、芝田家は、顧問税理士法人に本家の資産管理法人と、叔父が経営する2つの会社、芝田グループの計3社の収支の管理を任せていました。

叔父は「役員報酬を決めるため全体の個人収入を見たい」と言い訳をして、本家の不動産収入の数字を顧問税理士法人から入手していました。

父が亡くなった後、芝田グループ全体の収入を把握していた叔父は、本家の賃料収入に手を出そうとしていました。

A社からの収入がなくなるにあたって、叔父は今後の給料の代わりにするため、本家に相談もせず「芝田グループの不動産収入の分配を変えたい」と、分配計画表を作成して、母に突き付けてきました。

それは賃料収入の多くを自分と姉妹に割り当て、本家の負債や多額の固定資産税の支払いなどは一切考慮しない、酷いシロモノでした。さらに言えば私が東京から帰ってくる前に、祖母が所有していた月極駐車場1と畑は叔父が税理士法人部長と決めて売却し、A社の自分が作った負債返済に充てていました。

叔父の身勝手が露呈した計画に母と私は驚き呆れ、怒りに震えました。

叔父は、その計画通りになるものと確信しているようでした。

それでも、私はまだ「話せば分かってくれる」と思っていました。

コップを捨てる

私は折に触れて叔父に会社の再建について、今ある土地をもっと有効活用し収益力を強化するという意見を伝えていましたが、叔父は「リストラは土地の売却を前提としているため、月極駐車場を他社に貸してしまうと売れなくなる」などと、訳の分からないことを言って受け流すだけでした。

あるとき、叔父と2人で、A社の経営するネットカフェに立ち寄りました。セルフサービスのドリンクを飲み、さて帰ろうと立ち上がったその時、叔父は、洗い場に戻すはずのプラスチックのコップをポイとゴミ箱に捨てました。

「これは洗ってまた使うんじゃないの?」

「ああいいよ、こんなの、いくらでもあるから」

「ちょっと待って。借金があるのに。これも全部経費なんだよな?」

たかがプラスチックのコップひとつでも、大切な店の備品であり会社の財産です。莫大な借金を返すために切り詰めなければいけない現状を知りつつ「いくらでもあるから」とは。

その瞬間、私は確信しました。この人の感覚はおかしい。

その後、叔父のゴルフ代はもちろん、ゴルフの会員権、祇園で遊んだ金、海外旅行代金、呑み代、息子の車のガソリン代などなど、生活費の多くを叔父夫婦が経費につけていた実態が徐々に明らかになっていきました。

叔父の家の屋根瓦の修理代まで経費にしようとしていたと経理担当常務であった母に聞きました。その時母は、「会社のどこに屋根瓦があるの！」と叔父の妻に出してきた領収証をつきかえしたそうです。本家では、父も母もそんなでたらめな経費の使い方はしていません。

借金に思い詰める真面目で不器用な父を無視し、いいかげんで手前勝手な叔父夫婦は愉快に遊び暮らしていたのだと分かりました。

もっとも、私にも責任がまったくなかったとは言えません。

学生時代から私は、名前だけは㈱芝田久右衛門の役員になっていました。20代の前半頃、銀行に出す書類だからと訳も分からず強引にハンコを押させられたことが何度かありました。「重要な内容だろうな」と薄々気が付いていながら、きちんと説明を聞こうともしていなかったのです。

母のマンション売却交渉

祖母の月極駐車場1と畑に続いて、叔父の作った借金返済のため、母が相続したマンションの売却交渉がスタートしました。

母は当時A社の常務、そして本家の資産管理法人㈱芝田久右衛門の社長になってはいましたが、それは父亡き後に引き継いだだけのことで、社会経験はほとんどありません。そんな母に不動産の売却などできるはずがないため、叔父が仕切り、母に指示することになっていました。

顧問税理士法人を通して査定を依頼すると、1億8800万円となりました。それをベースに顧問税理士法人は1億7800万円で買うというK社を見つけてきました。

しかし、売却が決まった翌日、叔父は「やはり土地を残す方法を考えよう」と言いだし、売却を中止しようとしました。母は「いまさら何を」と反発しました。叔父は知人の老経営者に相談し「買ってくれる人がいるなら売りなさい」と説得され、ふたたび売ることを決断し、そう母に告げました。

その直後、叔父にメインバンクである銀行の支店長から「J社という地元の業者が同額で買いたいと言っている」と連絡が入ってきました。

叔父は二者の間で板挟みになり、どうしたことか、あとはまかせたと言って行方をくらましてしまいました。母からの電話にも出ず、どこにいるのかも分かりません。

「叔父さんがいなくなっちゃった！　泰明、どうしよう」

まったくの素人である母は不動産の売却交渉をいきなり丸投げされ、途方に暮れていました。母からの緊急SOSを受けて、私が出ていくことになりました。

これが、私が叔父の負債整理のためにした最初の交渉でした。

顧問税理士法人の絡む買主（K社）と、メインバンクの支店長が紹介する地元の業者（J社）、どちらに母名義のマンションを売却するかを決めなければなりません。

今後の会社再建計画に顧問税理士法人の協力は必要不可欠であるため、内心はK社を選ぶしかないと考えていました。

地元のJ社に売るという選択はできないのですが、J社の社長から「弊社は仲介会社ではないので、手数料3％の534万円は不要ですよ」と連絡がありました。正直心が揺らぎました。現金は少しでも多く欲しいと思っていましたから。

「K社に売る際の手数料をどうにか減らせないか」

ここが交渉のしどころでした。

私は、K社に「地元業者に売却すると手数料の534万円が不要になると言ってきた。もう少し考えさせてください」と伝えました。

数日待つと、K社のほうから「手数料はナシでよいので、ぜひ仲介させてください！」と連絡をしてきました。K社は売却後の管理業務を受注することになっていたため折れるより仕方がなかったのです。

こうして私は、顧問税理士法人との関係を壊すことなく、手数料なしでマンションを売却することに成功しました。2012年12月のことでした。

最初の交渉に成功はしたものの、負債整理はまだ始まったばかりでした。

「このままうかうかしていると、本家は収入をすべて吸い取られ、A社の借金を押しつけられてしまう」

危機感を覚えた私は、自分の身を守るためにA社の経営に参画していくことを決断しました。


まずは本家側の言い分を叔父に伝えようと、行方をくらましていた叔父の家を予告なしに訪ねると、当の叔父が何食わぬ顔で出てきました。

その図々しさに怒りが湧きました。いろいろぶちまけたいと思いましたが、まだグループの借金返済には協力してもらわなければなりません。何とか感情を抑えました。

「借金の返済やリストラには協力する。本家の私たちは今持っている不動産の収入で生活していく。今後はそれぞれの生活のことはそれぞれで考えよう」と言うと、叔父は「そうだな」とつぶやきました。

叔父と私は仲が悪かったわけではなく、むしろよいほうでこの7ヶ月間の言動をうけて、叔父に対する不信感は募っていましたが、私はまだ、叔父に対して情を残していたのです。心のどこかで「話せば分かる」と信じていました。

そして、年が明けて2013年。

1月、私は税理士法人部長を呼んで、改めて過去の経緯をヒアリングしました。

税理士法人部長の話から、叔父のずさんな経営実態が浮かび上がってきました。

・叔父は独断で無謀な出店や閉店を繰り返し、多額の負債を作った。
・本家の土地を担保にして借金をしていた（叔父は連帯保証人ではあったが、自分に負債が降りかからないように仕組んでいた）。
・叔父自身は、高給を取り、多額の経費を使って遊び暮らしていた。
・叔父は経営再建のために、私の父と母の役員報酬を下げたが、自分の給料は少しの減額程度で高いまま据え置きにしていた。

・叔父の会社であるB社にA社の借入金を事業資金貸付けという体裁で流していた。

怒りが収まりませんでしたが、現状を把握したことは、叔父には黙っていました。そして、さらに会社の状況を調べることを決意しました。

同月のうちに、税理士法人部長同席で、初の役員会議を開催しました。出席者は叔父、税理士法人部長、私の連れてきた新しい不動産会社部長、私でした。改めて私が立案したリストラ計画を提示したうえで、「銀行とはどのような話になっているのか」「店を閉店するのに、何に対していくら払ったのか」「従業員にはいつ閉店の事実を伝えるのか」「現在頼んでいる業者は相見積を取ったうえで決めたのか」といった質問をぶつけましたが、私の質問に対して、叔父は満足に答えられませんでした。

経営責任者であるはずの叔父は、私の改善提案を「お前は過去の経緯を理解していない。そんなことをしたら、周りからつぶされる」とこきおろし、その場しのぎの嘘と曖昧な説明でごまかそうとしました。

なかでも私の逆鱗に触れたのが「本家の財産・土地は皆のものであり、皆で経営してきたのだから連帯責任である」という叔父の言い分でした。

これまでさんざん好き勝手をしてきて、何が連帯責任だ。本家の財産はお前のオモチャじゃない……。私は歯を食いしばりました。

叔父の独裁政権を壊す

叔父の「財産は皆のもの、連帯責任だ」という言動に対して、それが叔父の勝手な都合であると親族はうすうす気付いていました。にもかかわらず誰も文句を言えなかったのは、ひとつの「文化」がそこにできあがっていたからです。

私は好きでよく読んでいた司馬遼太郎の小説『坂の上の雲』の登場人物であるニコライ2世を連想しました。ツァーリズムといわれる専制君主制のもと、ロシアでは皇帝に富と権力が集中して、金ぴかの派手な宮殿を造ったりと皇帝が好き放題にやっていても重臣たちは何も言えませんでした。なぜなら、そういう文化だったから。同じように、母や叔母は叔父の前で無力でした。

叔父はことあるごとに、昔の、儲かっていた時代の話をしました。過去の栄光にすがる独裁政権は何としてでも覆《くつがえ》さなければ。私は革命を誓いました。とはいえ、叔父を怒らせるのは得策ではありません。複雑に絡み合った親戚関係の利権があり、ヘソを曲げて印鑑を押してもらえなくなると困ります。

静かに話し合いで政権を委譲してもらうのが、誰にとってもベストだろうと私は考えました。

役員会議から2週間後。A社の従業員にどのように閉店の話を切りだしたらいいのか話したいという名目で、私は、叔父を事務所に呼び出しました。

内心はいても立ってもいられないほどの焦燥感に駆られていましたが、コンビニで買ってきた酒を飲みながら、静かに、2人きりで話し合いました。

6時間にも及んだ話し合いのなかで、叔父は「このような状態になったのは、俺の責任だ」と、自分の責任で多額の負債を作ったことを認めました。

神妙な態度に油断せず、私は叔父に釘を刺しました。

「このままでは家を売却し、この町から出て行ってもらわなくてはならなくなる」

そう伝えると叔父は、自身も含めた役員全員の報酬について大幅に減額することを認め、「経営から身を引き、全ての決裁をお前に委ねる」と言ってくれました。

後日、税理士法人部長から連絡がありました。叔父から「甥に全てを委ねるから助けてやってくれ」という話があったと言っていました。

私は「叔父は分かってくれた。話し合いで会社再建を進めることができる」と喜びました。

それはすぐに、ぬか喜びだったと判明するのですが。

閉店説明会の紛糾

私は税理士法人部長と話し合い、A社の店舗の最終閉店日を決め、正社員を対象に説明会をすることになりました。

会議室に着くと、そこには、5人の正社員の他に、呼んだはずのない叔父がいました。

叔父の姿にイヤな予感を覚えながらも、私は従業員達に最後の店を閉めなくてはいけなくなった旨を告げました。

そして、A社は大手書店のフランチャイジーであったためフランチャイズ本部に店を従業員ごと引き受ける検討をしてもらっていること、その場合は採用の面接があること。フランチャイズ本部が引き受けない場合は、別の会社からこの店を借りたいという話もあるので、他で就職先を探してもらわなければならないことを説明しました。

通常、経営者から社員への解雇通告は3ヶ月前にすればよいと聞いていたので、私は気を利かせたつもりで6ヶ月前に伝えようとしたのですが、その気遣いが裏目に出ました。

その状況に追い打ちをかけたのは「経営から退く」と言ったはずの叔父でした。

叔父は「なんだお前、そんな話は聞いてないぞ」と大声を出して私の説明の腰を折り、さらに社員達に向かって「甥の話は私が聞いた話と食い違いが多く、大変困惑している。この先、どうなるのかは保証できない」と言いだしました。

叔父の余計な発言により、その場にいた人間全てが、不安のどん底に突き落とされました。

社員は「なんとしてでもフランチャイズ本部との話をまとめてもらいたい」と騒ぎ立てました。更に、説明会終了後に税理士法人部長は私と叔父に対してあいまいな説明会になったことを「社員に対して失礼だ！」と怒り出した結果、叔父と言い合いになり、私は想定外の状況に呆然とするばかりで、説明会は散々な結果に終わりました。

役員報酬を減額すると叔母は半狂乱に

亡くなった父は4人きょうだいの長男でした。弟である叔父の他に、2人の妹（叔母Aと叔母B）がいました。2人とも叔父の会社の役員に名を連ね、そのひとりである叔母BはA社の役員として経理を担当。毎日昼は出勤しながら夜飲食店を経営していました。

私は店の雰囲気が気に入って、以前はときどき飲みに行っていました。今思えば、雰囲気が良かったのは「跡継ぎだから」という理由で、叔母が私を優遇していたせいでした。

あるとき私が、「祖母が死んだらその遺産は全て会社の借金返済に充てなければいけないかも知れない」と言うと、それをさかいに露骨に態度が変わり始めました。飲食店経営には退職金がありません。叔母Bは老後の生活費として祖母の財産を当てにしていたのでしょう。

叔父との話し合いの後、私は叔父の所有する不動産の一部を売却するよう要請し、また給料を70％カット、叔母Bに関しては役員報酬を25％カットにしました。

私は叔父が当然の責任として叔母に給料カットの話を通しておいてくれていると思っていました。

しかし、蓋を開けてみるとそうではありませんでした。

この減額は、叔母Bにとって寝耳に水、天変地異に勝るとも劣らないほどの大事件となったのです。

叔母Bは半狂乱で「甥の泰明に給料を下げられた！」と親戚中に触れ回りました。その様子を見て心配した叔母Bの娘（私にとってはいとこ）が私との食事会を設けてきました。

一体会社はどうなっているのか、その場にいた叔母Bの娘とそのきょうだいに聞かれるままに、私は会社が7億円もの借金を背負っていること、自分は無給で働いており、今後A社の負債に対して更に本家の財産を投じなければならないことなどを話し「これ以上わがままを言ったら、本家の敷居をまたぐな、と言わざるをえない」と言いました。

私としては、いとこにやんわりと叔母を諭してもらうつもりでした。

しかし、それが火に油を注ぐ結果となりました。あせった叔母Bの娘が叔母を諫めるためにその言葉をそのまま伝えてしまい、それを聞いた叔母は「泰明が私に、本家の敷居をまたがせないと言った！」とますます怒り狂ってしまいました。

私が叔母に酷い仕打ちをした、という話には、誰の悪意か尾ひれがつき、いつの間にか私が、元・土木建築業者の叔父に対して「会社の経営を外れて土方でもやればいい」などと言ったことになっていました（もちろんそんなことは言っていません）。

ただ、経営から外れてもらいたいと思っていたのは事実でした。

私はリストラを進めながら、役員人事にもメスを入れ、代表を叔父から私に変更し、叔母たちを役員から外そうとしていました。

これに叔父は憤慨しました。

借金返済のため叔父の所有する不動産の売却を要請していましたが拒否。会社から自分の荷物をすべて持ち帰り、非協力的な態度を示すようになりました。

やがて電話に出なくなり、メールの返信も遅くなっていきました。

合意書を反故にした銀行

叔父達分家側と、母と私の本家側の関係は悪化する一方でした。そんなさなかでも私は財務状況の改善策をひとつひとつ実行しようと動き続けていました。

マンション売却の次に、月極駐車場2になっていた土地をどこに貸すか、という交渉をすることになりました。

賃料がより多くとれる業態は何かを調べると、葬儀場かパチンコ屋だと分かりました。

特に葬儀場、葬式やお通夜のセレモニーを執り行う物件は、ほかの物件にくらべると約1・5倍も相場が高いことが分かりました。しかも、通常の物件は地主がいくらかの建設協力金を貰って建てるのですが、上物は葬儀会社が自分達で建てて、20年の契約が切れると自分達で潰して更地にしてくれるという契約内容でした。

その葬儀会社が私に出店申込書を提出してきました。

「よし、決まった、いい借り手が見つかった」と思いました。葬儀場は周辺住民からのクレームになりやすいのですが、こちらは会社を再建しなければなりません。

しかし、問題がありました。この土地には借入6000万円分の抵当権がついていたのです。このままでは貸すことができません。

税理士法人部長を通して銀行にその抵当権を外せるか聞くと、支店長が「2週間で外せますよ」と言いました。一応2ヶ月の猶予を持って、私は葬儀会社の人間と合意書を結びました。

ところが、いっこうに抵当権が外れたという連絡がありません。とうとう期限の2ヶ月の3日前となった日、銀行の支店長から電話があり「やっぱり無理でした」と一方的に伝えてきました。

「は?」

私は青ざめました。すでに、葬儀会社と合意書を交わしていたのですから。

もし契約を履行できなかったら、合意書締結後にかかった費用を請求される内容の契約になっていたのです。

この抵当権を外すために、私は、父親から相続した土地のひとつの貸家をA社の借金返済のために売ることにしました。

売るのにいいタイミングかどうかは分からなかったのですが、不動産仲介12社と交渉をして、幸いなことに相場の2倍の1億6100万円で売り抜き、ほぼ全額をA社の返済に回しました(結果的にこの売却のほうが大きな実績となったのですが……)。

抵当権を外すのに半年。

葬儀会社ともう一度会議をしようと連絡すると「実は出店計画が変わりまして、出せなくなりました」と担当役員はうつむきました。

土地が高く売れたことはミラクルでしたが、葬儀会社に貸せなかったのは痛手でした。建設費用がかからない上に、月々の賃料相場の1・5倍で貸せるはずだった……

これは私の中で失敗事例となりました。

電線が上空を通っている土地（貸家）の売却

私が売ったのは当時17戸の貸家が建つ400坪の土地でした。貸家は昭和30年代築、8割が入居していました。

不動産会社には「8000万円にしかならない」と言われていましたが、「路線価評価額から計算すると1億8000万円くらいだから、1億2000万円を目標としましょう」と税理士法人部長の提案で方向性を決めました。

まず、大小さまざまな不動産会社に話を持ちこみました。次に売りに出す前に正確な面積を知るために測量をします。

5社の不動産仲介会社に測量会社を2社ずつ推薦してもらい、10社ほどから見積を取りました。80万から120万円の幅があり、もちろん一番安い業者に頼みました。土地を測量し、測量図を作るのは難しくありません。難しいのは境界を確定すること。周囲の地権者に印鑑を押してもらわなければなりません。このときは14件もありました。隣接する地権者にはいろいろな人がいます。判を押すのを渋られたり、判子代を請求してきたり。その対応が大変で時間をとられました。

驚いたことに、400坪と聞いていた土地は、測量をし直すと514坪もありました。税理士法人部長も大変驚いていました。

それから大小さまざまな12社の不動産会社と交渉をしました。口頭で金額を聞き、上のほうから数社に絞ると大手不動産会社だけになりました。その全社に買い先の申込書の仲介を依頼しました。

「私の目標は2億円で、1億5000万円以下だったら売らない」と強気を装っていましたが、もし1億2000万円以上で売れなかったら、A社の負債返済・葬儀会社との契約はどうなってしまうのか分かりません。手に汗握る交渉でした。

交渉の末、買い手が見つかり1億6100万円で売却することに成功しました。

話がまとまると、なぜか買い手の建設会社の社長が手付金の800万円を現金で不動産仲介会社の事務所に持ってきました。

私は内心「なぜ振込にしないんだろう」と疑問に思っていました。その800万円を1枚1枚確認する必要があった上に800万円もの大金を持って夜道を歩くのは嫌でしたが、それをカバンに入れて自宅に持ち帰りました。

結局、建設会社の社長が800万円もの大金を現金で持ってきた理由は、今も謎のままです。

しかし、あの夜の、大金を持って1人暗い道を歩く不安な気持ちは、一生忘れないだろうと思います。

手付金が800万円だったのには理由がありました。

実は、この土地には少々問題がありました。当時、関西電力の電線が上空を通っており、その地役権《ちえき》が付いており、自由に建物が建てられなかったのです。この地役権を外す交渉は、買い先の建設会社ではなく、私が行いました。地役権を外すことによって売値を上げようと考えたのです。

私は家中を探して、祖父が昭和30年代に交わした契約書を引っ張り出しました。祖父は当時の金額で36万円を受け取っていたことが分かりました。

関電が所有する地役権を外すためには、当時の36万円に相当する金額を払い戻す必要があります。これが現在の価値に換算すると1500万円でした。

地役権を外しても、上に電線が通っているので、無制限に高い建物を建てることはできません。そこで話し合いの末「緩和」ということになり、私は関電に対して半額の750万円を払うことになりました。

それを伝えた結果、不動産仲介会社と買い先の建設会社で手付金は800万円と決められていたのでした。

税金と経費を差し引いた手取りは約1億2200万円でした。

普通は「半分くらいは手元に残しておきたい」と思うかも知れません。しかし、当時の私にはそんな意識は一切ありませんでした。そこから銀行が指定してきた抵当権の総額1億1000万円を、A社の高有利子負債の返済として銀行に返済しました。

A社の借金を立て替えましたが、この金が返ってくることはないだろうと覚悟しました。残りの1200万円も最終的に会社再建の費用に消えていきました。

銀行側は「土地の価値に対して借入の額が多すぎる」と言おうと思っていたタイミングだったと後で知りました。この売却成功のミラクルが銀行に対して私の立場が強くなった瞬間だったのです。

大荒れの経営会議

分家側との関係が悪化の一途を辿っていたこと以外、経営再建は順調でした。

不動産の売却に加えて、本家が所有している不動産の賃料大幅値上げやリストラが進んで収益力が増したことにより、銀行に提出する返済計画などの重要事項はまとまりつつありました。報告をするため、2013年4月、3ヶ月ぶりに経営会議が開かれました。叔父達に会うのは1ヶ月ぶりのことでした。

しかし、会議の時間になっても叔父は来ませんでした。

40分ほど遅刻してきた叔父は、「店に『本屋はやめるのか』という変な電話がかかってきて大変だった」などと言って遅刻を詫びもせず、不満を隠そうともしません。そして、私と目線を合わせようともせず不遜な態度で椅子に座りました。

私は叔父の態度に内心はらわたが煮えくりかえる思いでしたが、冷静になるよう自分に言い聞かせながら、経営再建計画の現状などを一通り報告しました。

叔父はぶつぶつと文句を言いつのり、やがて顔を真っ赤にして怒鳴りだしました。

「叔母に敷居をまたがせないと言ったそうだが、どういうことだ！」異常な興奮で声が震えていました。

「このままだと、お前の言うことは聞かないし、印鑑は一切押さないからな！」捨て台詞のように怒鳴ると帰ってしまいました。

莫大な借金をした張本人が、その借金返済を妨害するという、まったくもって支離滅裂な宣戦布告でした。

翌日から叔父は、こちらが要請した叔父が所有する不動産の売却を拒否。電話に出ず、メールの返事もよこさなくなりました。


叔父がそれほど頑なになったのは、私に経営者としてのプライドをズタズタにされたからでした。

もともと叔父はプライドの高さだけは一流の経営者で、親戚に意見を言われることに対して必要以上に憤慨するたちでした。

私が叔父の気持ちなどに忖度せずに、経営のずさんさを指摘したうえ、役員報酬を下げたことが我慢ならなかったようです。

しかし、25年もの間、常に負債が膨らみ続ける状況で「ゆでガエル」になっていた親族と、父の死で初めて実情を知った私との間には、危機感の差がありました。

私を子どもの頃から見てきた叔父や叔母たちは、いまだに「会社は安泰だ」と、心のどこかで信じきっていたうえ、「やんちゃな甥っ子」である私の言葉を真剣に聞くことができずにいました。

行き詰まった私は、第三者の手を借りることにしました。

銀行にも仲裁を依頼しましたが、叔父はまったく聞き入れません。

伝手《つて》で優秀な弁護士を紹介してもらいましたが、結果は、現状の利権関係では、負債を作った叔父側に有利な状態であることが判明しただけでした。

最後の手段として、叔父が創業した当時、後押しした老経営者に仲裁をお願いすることにしました。若輩者の私の言葉は聞かない叔父でも、世話になった経営者に意見してもらえば耳を傾けてくれるだろうと踏んだのです。だが、それも失敗に終わりました。

叔父を説得できなかった老経営者は、あろうことか私にこう言いました。

「お前がバカになって頭を下げろ」

その言葉を聞いて、私は一気に目が覚めた気がしました。目の前の老人はバブルで自社を潰し、自己破産した人間でした。なぜこのような人物に相談したんだろう……。

税理士法人部長の裏切り

当時、芝田家の顧問税理士法人は、25年もの付き合いがありました。その部長は担当になって10年以上、芝田家にコンサルタントとして関わっており、私も経営改革の協力者として信頼し、頼りにもしていました。

ただ怒りっぽくて癇癪を起こしたことが何度かありました。たとえば、書店の社員に対するリストラ説明会が叔父の暴言で紛糾したとき、マンションの売却を叔父が急にやめようとしたとき、別途彼が請求してきた「銀行交渉費用」を私が値切ったときなどに怒りを露わにしてきました。

そういった部分は人間的にどうかと思っていましたが、それも仕事熱心な故だろうと思うことにしていました。「善意で通常以上のサービスをしている」と言っていましたし、もともと高い顧問料に加えて銀行交渉費用も払い続けているのだから、借金返済に向けて協力してくれているのだろう、と信じ込んでいたのです。

A社のリストラをしていたのは私でしたが、分家側の叔父・叔母との関係が決裂していたため、私はA社の財務諸表をなかなか見せてもらえないでいました。何度も繰り返し要求し、やっと財務諸表が手元に届きました。

数字を確認すると衝撃の事実が判明しました。

カットしたはずの叔父・叔母の役員報酬が元に戻されていたのです。しかも、経費も以前と同じく湯水のごとくムダ遣いしているではありませんか。

私は「いったいどういうことなのか」と税理士法人部長に質問しました。返ってきたのは「相続の一環だからと社長（叔父）に言われ、指示通りにしただけだ」という無責任な答えでした。

ここに及んで、やっと私は理解しました。

私に協力しているとばかり思っていましたが、この男は、私を裏切っている……。

本当に残念な気持ちでした。

そもそも、25年間もこの税理士法人と付き合っていたから、こんな最悪の状況になってしまったのです。そういう意味ではこの男も叔父と同じ穴の狢《むじな》に過ぎません。ちょうど同時期に母から聞いた話も、今すぐ契約を解消したい思いをさらに強くさせました。母の話は、次の通りです。

バブルの頃、この税理士法人のアドバイスで「このままでは土地の値段が上がり続けるので祖父の土地を父に生前贈与しておかなければ莫大な相続税を払わなくてはならない」と父に話をもちかけ、父に銀行から多額の借入をさせ、祖父から土地を買い取らせるという相続税対策を提案。父も祖父もそれに合意してしまった結果、後にバブルがはじけ、土地の値段が暴落。多額の債務を背負っただけの生前贈与にさせられた。

このような話を聞き、すぐにでも契約を解消したかったのですが、長年一族の経理を見てきたこの男を使わなければ、借金の整理も会社再建も進みません。もし自分にとって利益がないとなったら、この男は指一本たりとも動かすわけがないからです。

私は、怒りをぶちまけずに、内側に押し込めました。そして、表面は以前と変わらず彼を頼るふりを続けることにしました。

2章
親族との泥沼裁判

運命の出会い

私は本当に頼れる専門家を探し続けていました。

それ以前からも、知識を得るために、地主を対象としたさまざまなセミナーに出かけていましたが、さらに精力的に出かけるようになりました。

数多くのセミナーを受講することで、いつの間にか、専門家に対する目利きができるようになっていました。

地主を対象としているせいか、どのセミナーも受講者は白髪交じりの60代以上の人がほとんどでした。まだ若い30代の私は相当目立っていたでしょう。

しかし、私はそんなことは気にも留めず、常に開場時間前に到着して、一番いい席に陣取ることにしていました。

「この講師は本物か、頼れるか」

講師を間近で見極めるためもありましたが、同時に、主催者に対し「自分は重要顧客たり得る人物であり、かつ真剣である」というサインを出すという意味もありました。

私にとっては真剣勝負でした。頼れる本物のプロフェッショナルに出会えなければ、莫大な借金をどうすることもできずに破滅するしか道はありません。それだけは避けたいと思いました。

そして、運命の出会いがやってきました。

その日、私が参加したセミナーは、大手信託銀行と有名ハウスメーカーの合同開催でした。大手信託銀行の主催だけあって、200人ほどの会場は満席でした。いつも通り、若い世代は私だけでしたが、私は気にせず、一番いい席に陣取りました。

いつもと違ったのは、講師がかなりの毒舌で、しかも知識が深く、セミナーがとんでもなく面白かったことでした。

「こんな人が顧問税理士になってくれたらどんなにいいだろう」と思いましたが、同時に「これほどの税理士に依頼するのは、難しいだろう」とも考えました。

セミナー終了後、主催者のひとりが話しかけてきました。大手信託銀行の人間だというので、状況を簡単に話すと、応接室のような立派な部屋に通されました。そして彼は「私に担当させてください」ともちかけてきました。

彼、S氏は、なんと大手信託銀行で8年間連続ナンバーワンをとり続けた上級主席財務コンサルタントでした。

私が新しい顧問税理士を探していることを伝えると、S氏は聞いてきました。

「芝田さん、どんな税理士がいいんですか？」

「そうですね。今日の講師のような方がベストなんですが……」さすがに難しいでしょうね、と続けようとしました。が、ナンバーワン・コンサルタントはあっさり言いました。

「呼んできましょうか？」

「え？　ホンマに!?」

これがS氏とO税理士との出会いでした。ここから、私の反撃がはじまりました。

最強の専門家チーム

S氏、O税理士との出会いは運命的でした。

私はS氏に「あなたが知る中で最も優秀な弁護士を紹介してほしい」と頼み、さらにI弁護士の紹介を得ました。

実は、会社には父の代からの顧問弁護士がいましたが、これまでまったく登場しなかったことからもお察しの通り、高い顧問料を取るばかりで、ほとんど役に立っていませんでした。

I弁護士、O税理士、財務コンサルタントのS氏、私の4者がI法律事務所に集まり、ミーティングを開始しました。

そこで、経営再建のゴールを、私がグループ会社3社をひとつにまとめ100%株主になることであると再確認しました。

私は過去の経緯と現状についてまとめた資料を開示し、プロフェッショナル達に意見を求めました。

指摘され、気付いた点がいくつかありました。

最も衝撃的だったのは、A社の借金1億1000万円を私が肩代わりして銀行に払った件でした。当時の私は財務の知識に疎く「返ってこない金」だと思い込んでいました。

しかし、私の話を聞いたO税理士は言いました。

「何を言ってるんですか芝田さん、もし今あなたが死んだら、その1億1000万円、あなたの財産として相続税が課税されますよ、取り返さなければいけませんよ」

個人から法人に貸付けているため「貸付債権」という私の財産であり、A社の代表である叔父に請求できる、ということだったのです。

「叔父さんへの貸付債権の請求が、A社の株式を取りに行く武器になりますね」とI弁護士は言いました。

このミーティングではっきり分かったのは、現在の税理士法人部長が叔父寄りであることと、意図的に私に有利な事実を隠蔽していたことでした。

祖母に遺言書作成を頼む

本家の財産を守るためには、当時存命だった祖母に遺言を書いてもらう必要がありました。

昭和5年生まれの祖母は、A社創業時の代表取締役でした。若い頃から頭が良かったそうです。年を取っても頭も性格もはっきりしており、誰に対しても歯に衣着せない物言いをしました。一族のゴッドマザー的な存在で、「おばあちゃんは恐い」と恐れられる存在でした。

財産目当てですり寄ってくる叔父叔母以外は、基本的に誰も寄りつかず、祖母に正面から意見をしたりぶつかっていくのは、本家の孫の私だけでした。

大手信託銀行上級主席財務コンサルタントS氏に相談したうえで、2013年の暮れ、私は叔父の行動や会社の状況を祖母に洗いざらい話しました。分家である叔父夫婦と叔母2人に借金を押し付けられて財産を食い尽くされそうなこと、叔父が父の死因を隠そうとしたこと……父の自殺と、借金を重ねたうえに放漫経営を続ける叔父の所業、どちらも実の息子であるだけに祖母の心中はかなり複雑だったろうと思います。

しかし、祖母は自ら「遺言書を作成する」と言ってくれました。

「よっしゃ、分かった、あの子ら（叔父叔母のこと）なんてどうでもいい。あんたが家を継いでいき！」

そう言って信頼してくれた祖母の気持ちにしっかりと応えていかなければ、と身が引き締まる思いでした。その後S氏と遺言書作成を開始しましたが、S氏の実務スピードとパワーは大変なものでした。

臨時株主総会による経営権奪取を画策・失敗

私は、父の遺産の株式を相続しましたが、叔父の会社の経営権を持っていませんでした。

当時、A社の株の保有比率は次のようになっていました。

・本家側：母27％、私21・77％＝計48・77％

・分家側：叔父夫妻48・67％、叔母A（長女）1・28％、叔母B（次女）1・28％＝計51・23％

わずかに分家側の株保有率のほうが多くなるよう、叔父と税理士法人部長によって周到に配分されていました。

しかし、叔母のどちらかを取り込めば本家50・05％、分家49・95％となり、こちらが主導権を握ることになります。

私は、叔父と叔母達には役員辞任と会社の株を無償譲渡してもらい、会社の代表を叔父から私に変更したい、臨時株主総会を通ればそれができると思っていました。

そこで、叔母Aの長女に対して、監査役である叔母Aに働きかけるように要請しました。叔父の悪行を説明し、叔母Aにこちら側についてもらえないか、と伝えてほしかったのですが、まさかの出来事に関わりたくないと非協力的でした。

案の定叔母は、役員報酬をカットし「過去に敬意を払わない」私ではなく、過去の栄光を忘れられず一族を借金地獄のドロ沼に引きずり込んだ張本人の叔父の側についたのです。本家側よりも叔父側と組んだほうが、自分にとって都合がよいと計算したようでした。

臨時株主総会による叔父解任作戦は失敗に終わり、分家側に傾いたパワーバランスを覆すことはできませんでした。

ついに、訴訟開始

後になって振り返ってみれば、訴訟なしの和解など到底無理だったのですが、私はまだ「できることなら身内に対しての訴訟は避けたい」と考えていました。

叔父に社長退任を説得して以来、1年半以上が経過していました。私はその間ずっと、借金を増やさないためのリストラ、借金を返すための不動産の売却交渉をしながら、月に一度は叔父に長文メールを書いていました。

叔父に対しての希望はまだ捨てていませんでした。いつか折れてくれるだろう、できれば裁判をせずに解決したい、という思いがありました。

しかし、いつまで経っても叔父は説得に応じず、経営権奪取にも失敗しました。こうなってしまえば、もはや、経営権を争っての訴訟しか道はありませんでした。

2014年9月、私はチームの一員であるI弁護士のアドバイスに従い、まずは2通の内容証明郵便を送りました。

1通は叔父個人宛、もう1通は㈱A社社長（つまり叔父）宛でした。

今回の訴訟は、「連帯保証人の求償権」を活用したものでした。

借金をする際には連帯保証人を立てますが、複数人の連帯保証人がいる場合、各人の負担割合は特段の定めがない限り均等（ワリカン）となります。

ある連帯保証人が、本来その連帯保証人の負担すべき金額以上の額を債務者に代わって返済（代位弁済）した場合、多く返済した部分については、他の保証人に対して求償できるという権利です。

芝田家の場合、A社の負債のうち3億4100万円を、負債の抵当権を所有地につけられていた本家側（祖母1億2300万円、母1億8000万円、私1億1000万円）がすでに代位弁済していました。よって多く返済した部分については、他の保証

連帯保証人の求償権シミュレーション図

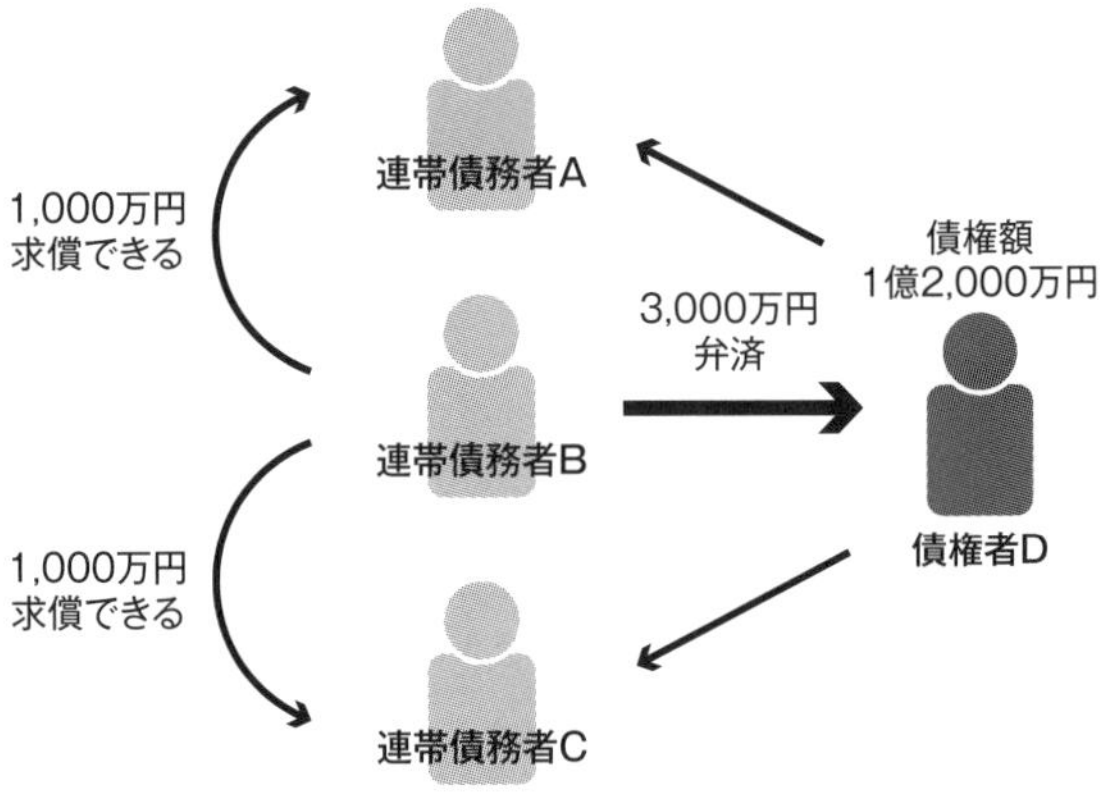

人に対して請求できる権利がありました。つまり叔父に対して、弁済した金額の4分の1を請求することができました。

本家側の要求は、この代位弁済額の一部を支払うか、あるいは分家側（叔父夫妻、叔母2人）の株式を私に無償譲渡して、取締役を辞任し、さらに祖母の遺産の遺留分を放棄する約束をする、というものでした。

この訴訟の際に提示された弁護士報酬額は、手付金と成功報酬を合わせて500万円を超えていました。高いとは聞いていましたが、裁判とはこれほどまでにお金がかかるものなのかと、がく然としながら私は「これは負けるわけにはいかない」と決意を新たにしました。

内容証明郵便を受け取った叔父は仰天したそうです。「泰明がそこまで仕掛けてくるわけがない」と甘く見ていたようでした。

叔父は、同族会社の顧問である税理士法人の担当部長を疑い「泰明と組んで仕掛けてきたのか!?」と問いただしました。彼がグルではないと分かると、税理士法人の本社に乗り込んで行き、代表に「自分の側についてくれ」と強引に要求したそうです。

税理士法人部長がキレた

内容証明郵便を送付して数日後、同族会社の顧問である税理士法人の担当部長から連絡がありました。

私はまったく気が進みませんでしたが、弁護士に相談すると「会って、できるだけ情報を聞き出してほしい」というので、会うことにしました。

当初は「利益相反関係になるため顧問としての姿勢の説明に伺いたい」とのことで

したが、担当部長はいきなり訴訟の取り下げを要求してきました。

「いきなり親族から内容証明を送りつけられ、社長はショックを受け、憔悴しています。訴訟となればあなたにとっても気分の悪いことがあるでしょう。弊社が間を取り持つので、訴訟は取り下げていただけませんか」

私は「叔父はあなたにどんなことを相談しているのですか？」と聞きました。

「税理士法人として仲介に入っている以上、話すわけにはいきません」

「いや、教えてくださいよ」

私が食い下がると彼は癇癪を起こしました。

「だから、それは言えないと言っているだろう！」

「それが長年の顧客である弊社と、その経営再建責任者に対する口のきき方か！」

私は思わず怒鳴り返し、しばらくにらみ合っていました。

これまで、長い間この男の裏切りを知りながら、怒りを見せないようにと自分を押し殺していました。それが、ついに噴き出してしまったのでした。

同席していた母がとりなそうと「もうやめておきなさい」と、おろおろしながら言いました。

「あなたねえ、一体どっちの味方なんですか?」

「どっちの味方かというと、付き合いの長さからいって、叔父さんのほうの味方になりたいという気持ちはあるんですけど……」

こんな男を相手に感情的になっても仕方がありません。つとめて冷静に戻り「取り下げを検討する」と言って面談を切り上げました。

もちろん、私には訴訟を取り下げる気は、まったくありませんでした。

数日後、亡父の相続についての税務調査が入りました。

父が行っていた資産運用の内容について確認したい部分があったというのです。顧問税理士法人から4名(うち税理士は2名)が税務調査の対応のため来社しました。

そこに、例の担当部長が交ざっていました。

訝《いぶか》しく思っていると「ちょっと泰明さん、いいですか」と呼び出されました。

「実は先日はあなたを説得するように社長に頼まれていました。誠に失礼な態度をとってしまい申し訳ありませんでした」

頭を下げる担当部長に私は内心では呆れ、絶句しながらも表面は笑顔を保っていました。

なぜ担当部長がそれほど裁判を回避しようと躍起になっていたのか、今なら分かります。

彼は、叔父に雇われている立場上、叔父と私が裁判になると、私に仕えるのは利益相反になってしまうため、芝田グループとの顧問契約を解除しなければいけなくなり、自分自身の成績に響くからでした。

訴訟を止めたい理由は、ただのサラリーマンとしての保身からでした。

和解交渉

私に訴訟を取り下げさせようと必死に工作していた叔父でしたが、無理だと分かると弁護士を立てました。ようやく、訴訟の和解交渉がはじまったのです。

それぞれの要求は次のようなものでした。

◆本家(母と私)側

① A社の役員である叔父夫妻と叔母2人は辞任し、株式を全て私に無償譲渡する
② 祖母の遺留分を放棄する
③ ①、②の代わりにA社の負債は本家で引き取る

◆分家(叔父)側

① 祖母の遺留分は放棄しない
② 退職慰労金としてA社の現預金の50%の支払い

持ち逃げ

1年半にわたる裁判はいよいよ佳境に差し掛かっていました。和解交渉で、分家側が退職慰労金を払うよう要求してきたというので、A社の決算書を提出させました。弊社の顧問弁護士が相手側の弁護士から報告を受けました。

現金がいくらあるか問うと「50万円と、あと4000万円が別にあります」とおかしな答えが返ってきました。

どういう意味かと聞いてみると、A社の現預金の95%にあたる4000万円を叔父が引き出し、自宅に持ち帰っているというのです。

経緯を調べると、叔父が現金を持ち帰ったのは、私が訴訟を仕掛けた翌々日でした。私に取られるとでも思ったのでしょうか。自分の怠慢経営で本家を窮地に追い込んでおきながら、まだ公私混同を続け、自身の保身しか考えていない、叔父の行動にはあぜんとするしかありませんでした。

和解成立

本家側の要求は①叔父夫妻・叔母2人はA社の役員を辞任し、株式を全て私に無償譲渡せよ、②叔父・叔母は彼らの母（私の祖母）が亡くなった際には遺産相続の遺留分を放棄せよ、③その代わりA社の負債は本家で引き取る、でした。

①はともかく②の遺留分放棄については、分家側は絶対に受け入れたくないと主張

しました。たしかに法定相続人である叔父と2人の叔母には相続権も遺留分の請求権もあります。身内の情で考えれば、母親の遺産の遺留分すら放棄せよというのは、冷たいやり方かも知れません。

しかし、彼らはすでにA社の負債という形で、祖母の財産を大きく食い潰していました。そのためにできた借金を返さなければならないのだから、遺留分放棄は当然だ、と私は考えていました。

さらに言えば、祖母はすでに「全ての財産を泰明（私）に相続させる」という旨の遺言書を作成済みでした。もしも、遺留分減殺請求権が行使された場合、支払いは私が負担することになります。つまり、彼らの作った負債を背負ったうえに、借金返済のための金まで引き剝がされることになってしまうのです。

私はどう交渉すべきか悩みました。どう考えても優先順位は①でした。経営権を奪取するために起こした裁判です。悔しい気持ちをこらえながら②を取り下げました。

退職慰労金として会社の現預金の50％の２０００万円を要求されていましたが、４

30万円で提案しました。645万円と返答が来たため、その他に経営引継ぎに関する細かい条件を付けて和解することにしました。

和解によって譲渡された株に加え、母からも株を譲渡してもらい、私はA社の100%株主となりました。

このことでA社のコントロールが自由になり、私は本格的な事業見直しと相続対策をすすめることができるようになりました。

まず、祖母にA社の役員貸付を債権放棄してもらいました。これは叔父が計画し、実行していたもので祖母の月極駐車場1と畑を売却してA社の負債の返済に充ててあり、1億2300万円ありました。このままでは、相続時には現金と同様に評価されてしまうため、祖母が亡くなったときに1億2300万円が相続財産に上乗せされて多額の相続税がかかってしまいます。

この債権放棄により、祖母の相続税対策はできました。

しかしまだ、A社に法人税が課税されるという問題が残っていると私は考えていました。

ところが、これは意外な手段で問題にならず解決しました。というのも、叔父は経営していた当時、法人税を節約するため、A社の決算を万年赤字としていたため、繰越欠損金が膨れ上がっていました。

裁判を開始した当初、すでに1億1100万円の繰越欠損金があり、そのうえ叔父と叔母は裁判で争っている最中にも、下げられていった自分たちの給料を元に戻し勝手に備品としてノートパソコンを買い、社用車の維持費にあて、とA社を私物化し、せっせと赤字を増やし続けていました。

そのため裁判が終わる頃には、赤字は祖母の債権放棄額とほぼ同額の1億2300万円程度に増えており、結局、法人税は課税されずに済みました。

当時、祖母は足腰は弱っていたものの、頭脳は明晰で、あと10年はこのまま元気でいてくれるだろうと思っていました。しかし、人の寿命は分かりません。相続税対策としても、叔父や叔母の遺留分への対策としても、これだけは早急にしなければならないと肝に銘じていました。

叔父夫婦の遁走

和解成立時、裁判所には叔母BがA社の引渡し書類を持ってきていました。私は叔母から直接ではなく、弁護士からその書類を受け取りました。

自宅で書類の内容を確認してみると、明らかに量が少なすぎました。

たとえば、こちらからは決算書を10期分要求したにもかかわらず、5期分しか入っていない、という具合です。

「これは、まだ何か隠しているな」

叔父達が悪事を隠そうとしているのは明らかでした。

その翌日、子どもをスイミングスクールに送る途中の妻から電話がかかってきました。

「あのさ、あそこって叔父さんの家やんな？　重機入って潰してるんやけど」

「ええっ！」

叔父の家まで車を飛ばすと、妻の言うように重機で建物を潰しています。業者は、叔父の自宅だけでなく、隣接して建っていた叔父所有のA社の倉庫も同時に解体していました。その中には、多くの書類が入っているはずです。私は慌てて弁護士に電話しました。

「叔父の家に重機が入って潰されているのですが、どうすればよいでしょうか？　A社の書類の引継ぎがまだ完全に終わっていない状態です！」

「なんですって！　工事を止めることはできそうですか？」

「そんなこと、できるわけがないじゃないですか」

弁護士も驚き、慌てていました。

法務局で確認すると、すでに叔父の住居は売却済みで、所有権は移っていました。和解が成立する前に売却し、成立したらすぐ解体するよう手配していたとしか考えられません。

結局、叔父は足りない書類を提出することはありませんでした。書類は不揃いのままとなり、A社の情報はそのまま闇に消えてしまいました。

叔父夫婦は九州方面に家を買い、逃げるように転居していました。

事業に失敗して経営権を剝奪された、と近所の人々に知れ渡ったら、もう地元にはいられない、とでも思ったのでしょう。

気持ちを切り替えて、私はA社の資産の整理を実施しました。

ゴルフ会員権、電話加入権、保証金（書店に必要）、社用車および預託金などがありました。ゴルフ会員権は全てのゴルフ場に電話しましたが、結果50万円程度にしかなりませんでした。叔父が遊びまわっていた当時は数千万円はしただろうと考えると腹立たしい思いしかありませんでした。

祖母は私にすべての財産を残すと遺言を書いてくれたため、法定相続人である叔父が遺留分を確実に請求してくるだろうと思われました。

将来的に必ず発生するはずの祖母の遺留分対策について、私は新しく依頼した税理士事務所に相談に行きました。

その際に税理士は「遺留分は、相続税を計算する際に使う路線価評価額ではなく、時価で計算する」という現実をつきつけられました。通常は路線価評価額より時価のほうが高いため、当然税額も高くなります。これは厄介だ、と私は身に染みて理解しました。

和解成立から約2ヶ月経ったある日、私は長年顧問だった税理士法人に電話を入れ、契約解除とクレームを伝えるための面談を申し込みました。

私は、税理士法人の代表社員税理士と前代表に対し、これまでの担当部長の不実な行為の数々を伝えました。

真摯な態度を崩さず聞いてくれた2人は最後に「担当部長は上司に一切伝えていなかったのだろうな」とつぶやきました。

その夜、私は原因不明の胃の痛み、体調不良に悩まされました。

祖母の急死

税理士法人に行ったその翌々日、２０１６年4月28日、同居していた祖母が心筋梗塞にて急死しました。

祖母は足が悪く、歩行器を使っていましたが、頭はしっかりしており、食欲も旺盛でした。私の妻は第2子を妊娠しており、祖母はその誕生を楽しみにしていました。誰もが「あと10年は長生きしてくれるだろう」と思っていました。

前の夜、軽い体調不良を訴えましたが、運動不足と食べすぎだろう、一度きちんと健康診断をしないと……などと母と話していました。

しかし、朝になって、母が慌てて私の部屋に飛び込んできました。

「泰明！　おばあちゃんが紫色の顔になって泡を吹いている！　呼んでも反応しない！」

私は飛び起きて祖母の寝室に行き、大声で祖母を呼びながら顔を何度も叩きました。一瞬、右手が動いたように見えましたが返事がありません。すぐに、母に救急車を呼ぶようお願いしました。

救急車には母が同乗しました。私が病院に行く準備をしていたところに、母から電話がありました。

「救急車の中で心臓マッサージをしているが、すでに間に合わず、延命措置をやめると言われた」

私は祖母が亡くなることへの悲しみよりも、まず恐怖を感じました。もし今、祖母が亡くなれば確実に叔父達から遺留分を請求されてしまいます。慌てて顧問弁護士と税理士に電話をしました。

弁護士にはつながりませんでしたが、税理士は電話に出ました。そして、「遺留分対策については検討しつくしました。それより早く病院に行ってあげてください！」と言ってくれました。

病院へと車を走らせながら、心の中は「これからどうなっていくのだろうか」と漠然とした不安でいっぱいになりました。まさか、和解が成立し「これから急いで相続対策を講じないといけない」と思っていた矢先に急に亡くなってしまうとは、誰も想像していませんでした。私に対して税理士は「検討しつくしました」と言っていましたが、まだ弁護士とは相談しておらず、遺留分を請求されたら明らかにこちら側が劣勢のはずです。不安に押し潰されて死んだ父の気持ちが、理解できるようでした。

後で妻から、病院に向かう私は、今まで見たことのない顔をしていたと言われました。どんな顔かは聞きませんでした。

応急処置をしてくれた救急隊員は、母にこう言ったそうです。

「おばあさんは自分から目を閉じられました。この世に未練はなく、みなさんに『ありがとう』と思っておられるのでしょう」

そうであってほしい、と私は思いました。

祖母の急死は、遺言書を作って2年半後、裁判の和解成立から2ヶ月後のことでした。

取り調べ

祖母が自宅で亡くなったため、変死扱いとなり、私は刑事の取り調べを受けることになりました。

保険金目当ての暴力行為や殺人がなかったかを確認するためだと思いますが、亡くなる直前の祖母の様子からはじまり、財産の状況、特に保険については根掘り葉掘り質問されました。取り調べの中で、私はA社での経営権争いや経営不振についても話をしました。

A社は近隣地域で最も有名な書店でした。刑事は「えっ？　あの書店ですか」と驚き、すぐに話を理解してくれました。

私は気を落ち着けて、祖母の葬儀の準備をはじめました。

ふと「本当に俺はしょっちゅう葬式をしているな」と思いました。4年前の父の葬儀が記憶に新しかったため戸惑いはまったくなく、準備も手慣れたものでした。

まだ付き合いの続いていた従兄弟（叔母Bの長男）を呼び出し、九州にいる叔父と、地元にいる叔母A・Bに連絡を取ってもらいました。

電話越しに久しぶりに叔父の声を聞きました。話すこともないので「葬式はこちらでするので任しておいてくれ」と従兄弟に伝えてもらいました。

2人の叔母には「私は席を外しておくので、祖母の亡骸には会わせる」と伝えてもらいました。顔を見るのも嫌だったので、母に対応を任せました。

通夜・葬式での無礼な振る舞い

翌日の4月29日は友引でしたので、その翌日、4月30日に祖母の通夜、5月1日に葬式がおこなわれました。晴天に恵まれた日でした。

葬式も終盤に差し掛かり、最後のお別れをするために祖母の棺の蓋が外されました。その瞬間、私は天と地がひっくり返るほど仰天しました。

遺体の上に見たこともない半紙が置かれていたのです。そこには「おばあちゃんありがとう。叔父、叔母A・B」と筆文字で書かれていました。

「誰がこれを入れたんだ⁉」

通夜の間、祖母の遺体は寺にありました。線香が途切れないようにできるだけ誰かがついていましたが、夜中の数時間は誰もいないときがありました。その間に忍び込んで、そっと棺桶を開けて、半紙を置いた人間がいるのです。

それを思うと、心底ぞっとしました。母は「折りたたんで遺体の端にそっと入れておけばいいやん」と言っていましたが、私は葬儀会社に「処分してくれ‼」と叫びました。

このような行儀の悪いことをする人間は誰か、真っ先に思い浮かんだのは叔父でした。地元の人々が集まる葬儀の席に、自分がいないことを不審に思われたくない、といかにも見栄っ張りの叔父らしい行動です。

しかし、その日、叔父は遠い九州にいるはず。

葬儀会社と住職にいくら聞いても「棺桶を開けた者も、遺体に触った者もいない」と言うだけでした。

当然、地元の人たちには叔父が引っ越した理由や、芝田家の問題は知る由もありません。ただ、最大8店舗あった店がどんどん減り、月極駐車場や畑の土地が売りに出されていたことから、察していた人は多かったと思っています。

そういえば母のマンションの売却後、ある会合に私が出席すると、参加者のひとりに「マンションは売れたのか？」といきなり聞かれたことがありました。「なぜ知っているのか」と大変驚きましたが、よく考えたら不思議でも何でもありません。仲介会社は、地元の人にも営業をかけていたのでしょう。

棺桶に入れられたメッセージは薄気味悪いミステリーでした。

約1年後、謎は解けました。

叔母A・Bが深夜、寺に関係者と偽って忍び込み、棺を開けて半紙を入れていたのでした。

祖母の遺言執行

悲しみと怒りに満ちた葬儀が終わり、私は信託銀行の担当者に来てもらい、粛々と遺言を執行しました（あのナンバーワン上級主席財務コンサルタントはすでに定年退職していました）。

祖母の四十九日も過ぎ、7月、信託銀行より叔父・叔母たちに遺言執行の通知が送られました。

すると予想通り、すぐに彼らから遺留分減殺通知書が届きました。

こちら側もすでに遺言の執行をしており、財産の多くを占める土地の相続手続きが完了していましたが、現税金6000万円の手続きが残っており、相手方の弁護士に執行を差し止めされてしまいました。

弁護士どうしの交渉の結果、弊社側の弁護士事務所で口座を作り、そこに振り込む形で信託銀行との遺言執行は終了しました。

A社合併準備

私は無理矢理気持ちを切り替えて、会社の再建に取り組み始めました。㈱芝田久右衛門には数千万円の株価がついているため、97％の株主である母から私にそのまま譲渡すると大きな譲渡税がかかってしまいます。

そこで、株価を下げることにしました。まず100％株主となった債務超過のA社を㈱芝田久右衛門に吸収合併します。

すると資本金300万円の㈱芝田久右衛門は、資本金4800万円（債務超過）のA社と吸収合併することによって債務超過となり、株価は0円になります。それから、母の持ち株を私に無償譲渡すればいいと考えたのです。

しかし、ここで問題が発生しました。

メインバンクであった銀行の支店長が「A社から㈱芝田久右衛門に負債を移すには、連帯保証人として残っている叔父に対面で必要書類に押印してもらわなければならない」と言いだしたのです。

さらに、銀行は地方の金融機関であるから、叔父にこちら（兵庫県）に来てもらわなければならない、と言います。しかし、過去の栄光とプライドをズタズタにされた叔父は兵庫県に来るはずはなく、まして再建の助けになることなど絶対にするはずがありません。

お役所仕事的な事情で窮地に立たされた私は、銀行を相手に強く交渉しました。支店長レベルでなく、本部に話を上げて「その慣例はなしにしてほしい」と迫りました。結局、私の懸命な説得が功を奏し「負債は㈱芝田久右衛門に移行します」という通知だけで移行を完了することができました。

100%株主に

2016年8月をもって、A社の吸収合併は成立しました。

資本金たった300万円の㈱芝田久右衛門が、資本金4800万円のA社を呑み込んだのです。まるで山崎豊子の小説『華麗なる一族』の「小が大を喰う合併」を成し遂げたような気持ちでした。私は人生で感じたことのない幸福を感じていました。ちなみに、『華麗なる一族』は兵庫県の一地方地主が野心に燃えて実業家、そして銀行家に転身し、事業を拡大させていく物語です。

そして、税務の事情により、株主総会は2017年1月の大安吉日に開催しました。自宅兼事務所で母と2人で書面に署名捺印し、弁護士と税理士にそのPDFを送信するという至ってシンプルなものでした。

これをもって、私は晴れて㈱芝田久右衛門の100%株主となりました。

あまりに静かすぎて「この作業のために今日まで戦ったのか」と、なんとも複雑な気持ちになりました。

その夜は家族でシャンパンを開けてお祝いしました。

実は、もともと会社は㈲芝久という名称でしたが、11代前の先祖にあやかり、㈱芝田久右衛門と改めました。

3章
やられたらやり返す

祖母遺留分減殺請求の調停

平穏な日々は長く続かず、案の定、叔父達は祖母の相続財産の遺留分を主張してきました。

叔父達が請求してきた遺留分は3人分で1億円を超えていました。提出された祖母の財産目録を確認すると、そこには祖母のA社への貸付債権1億2300万円も財産として含まれていました。

しかし、祖母の貸付債権1億2300万円は、経営権争いの裁判が終了してすぐに、正式な書面をもって放棄していたため、取り下げさせることができました。

もしも、叔父達の退職慰労金を少し減らそうなどと欲をかいて、和解交渉を長引かせていたとしたら、この債権放棄は間に合わず、叔父達に確実に請求されていたでしょう。

そもそも、時期を見て祖母の貸付債権を放棄させるという案は、私が帰省する前に、叔父と税理士法人部長が立てた計画でした。その金額を含めるとは。まるで強盗か山賊の類としか思えない仕打ちでした。

しかし、こちらも黙ってはいません。

叔父・叔母達が祖母の生前に受けた贈与を隠していることを次々と暴いていきました。

まずは、2013年頃の祖母から叔母Bへの現金の贈与でした。13年ごろ叔母BはA社がなくなると安定収入が途絶えるといって祖母に不安を訴え、現金150万円を隠れて貰っていたのです。

祖母は150万円を叔母Bに渡し「皆がビックリするので世間的には50万円と言っておきなさい」と叔母Bに言い含めていたそうです。それからしばらくして「給料を下げられた」と叔母Bが親戚中に私の悪口を言って回っていることを報告すると、祖母は怒って「150万円もあげたのに、一体何をしているのか！」とバラしてしまい、叔母Bはバツが悪くなるという事件がありました。その150万円は当然、今回相続財産として差し戻されるものです。
また、叔父が叔父家の高級な墓を祖母に造ってもらったことや、叔父叔母ともに自宅を建てる際に多額の資金援助をしてもらっていることも祖母から聞いていたので、これらも申告するよう指示しました。

残念なことに、これらには証拠が残っていませんでした。無効と言われてしまっても、少しでも相手方の精神にダメージを与えられればよいと考えたのです。
叔父は、前回と同様「相続税対策の一環だ」と主張しました。

最終的に叔父達は、祖母の貸付債権1億2300万円を相続財産から控除し、遺留分として、叔父、2人の叔母それぞれについて1人1800万円、合計5400万円を請求してきました。我々の計算では4500万円でした。つまり祖母のA社貸付債権1億2300万円を入れて請求してきた遺留分は、1億円でしたので、我々の計算での4500万円との差額で見ると、5500万円もふっかけてきていたということになります。

作戦

叔父と戦う材料として、私が目をつけたのが、A社から叔父の会社であるB社（インターネット関連会社）への貸付債権でした。

「運転資金」という名目で、莫大な借金を抱えたA社からB社へ5400万円もの資金が流れていたのです。

この貸付債権を祖母の遺留分と相殺できないか、実は前回の裁判で叔父達が「祖母の遺留分を放棄しない」と言ってきた頃から私が密かに考えていたことでした。

B社貸付債権5400万円に対して、祖母遺留分4500万円、つまり単純計算で900万円の差額。

もしこちら側の言い分が通れば、遺留分の支払いはなくなるうえ、差額の900万円を叔父に請求できることになります。

しかし、弁護士は「法律的に遺留分減殺請求は貸付債権より強いため、分が悪い。もし逆の立場だったら、相殺するなどありえない」と言っていました。

そこで「祖母の現預金600万円を渡すことで和解しないか」と提案することにしました。

しかし、和解の可能性は薄いとも思っていました。

弊社の弁護士は「無理でしょうね。私だったら遺留分と貸付債権は別でやってくださいと言いますので」と冷徹に現実を突き付けてきました。

予想通り、相手方の弁護士から「到底受け入れられない」との返答が来ました。

さらに驚くことに「B社への貸付5400万円は帳簿上の処理として記載してあるだけで実体はない」と常識ではとても考えられない返答をしてきたのです。

A社とB社の決算書にはきっちり明記しているのに、実体はないという。それが通るのなら、顧問税理士法人も共謀しての粉飾決算ということになるではないか。

私は、まだ平然と嘘をつく叔父を徹底的に叩かなくてはならない、と思いました。調停での交渉は決裂し、ドロ沼の裁判へとなだれ込みました。正直なところ「また訴訟をするのか」とうんざりする気持ちもありました。

訴訟準備

叔父の「帳簿上の処理」という呆れた言い訳で思い出したのが、会社再建に着手した頃に、税理士法人部長から受けた説明でした。

「A社がB社への貸付債権5400万円を放棄することで、A社の繰越欠損金が1億2300万円以上になり、祖母の貸付債権1億2300万円が放棄できるようになります」

当時、A社の繰越欠損金は約1億1100万円であり、祖母の貸付債権1億2300万円と比較して1200万円不足していました。そこでB社の貸付債権5400万円を放棄させると1億1100万円+5400万円で1億6500万円となり、祖母の貸付債権1億2300万円を上回るため、債権放棄が可能となる、ということです。叔父はその計画を実行できると過信していました。まさか私に裁判を起こされ、このような請求のされ方をするとは夢にも思わなかったのでしょう。

叔父と叔母達は、A社はB社への貸付債権を放棄するので5400万円は返さなくていい、さらに3人で1億円もの遺留分をもらって遊んで暮らせる、と思っていたのです。この図々しい考えに私ははらわたが煮えくり返りました。

自分の作った借金を本家に押し付けておきながら、なんと身勝手なことか。

私の弁護士の立てた作戦はこうでした。

相手方も遺留分の訴訟を起こしてくることは明白なので、先手を打って、叔父がA社からB社に流した5400万円の貸付債権訴訟を先に仕掛け、遺留分訴訟よりも先に終わらせる。そして、相手方3人の遺留分の権利を差し押さえる。

相手が仕掛けてくる前に素早く叩く、奇襲攻撃です。

叔父達は私が訴訟を連発してくるなどとは想定していなかったのでしょう。
私も訴えはしたものの、この後20回ものラリーが続くとは夢にも思いませんでした。

B社貸付債権訴訟

民事裁判は私達がテレビドラマで見るような法廷風景ではなく、おもに書類のやりとりで進められます。

今回の裁判の流れは次のようなものでした。裁判の書類は引用できないため、日付と概要を以下に書いていきます。
※原告（本家）　被告（分家）

◆第1回　2017年11月

被告（叔父）側は、決算書にはA社からB社への貸付金の記載があるが、実際に貸付がされた事実はない。よって、叔父は職務怠慢ではない、と主張しました。

◆第2回 2017年12月

被告側から、A社からB社へ貸付をした際の契約書の内容と時期を明らかにしてほしい、という要望がありました。

叔父は返済能力がないことを知りながらA社の金をB社に流していました。当然金銭消費貸借契約など結んでいるはずはありません。しかし、白々しくもこちら側に要求してきたのでした。

◆第3回 2018年1月

A社の決算書にはB社に対して1・65%の利息で貸付をしていることが明記されていました。原告（私）側はそれが契約ではないかと考えていました。

貸付金額も一致しているうえ、A社もB社も代表取締役は叔父ですし、決算報告書（確定申告書）も叔父の記名押印があるものでした。

A社の貸付金返済請求権の存在を否認するには、確定申告書の内容が間違っていたと言わなければいけません。
B社への貸付金の詳細は、元金約3800万円に加えて利息1・65%の未払金1600万円、合計して5400万円となっていました。

◆第4回 2018年3月

被告側は、貸付金はB社の運転資金であるが、A社がB社に貸付けた理由や、利息1・65%の内容については、「全て税務対策のためにやっていたことでしかなく、貸付の存在はない」といった趣旨の主張をしてきました。

この非論理的な言い分に私は呆れ果てました。では決算報告書に書かれている内容が嘘であり、叔父は粉飾決算をしていたということになるではないか!?

◆第5回 2018年4月

被告側は、前回と同じ主張を繰り返しました。いよいよ他に言い返す材料がないことが透けて見えてきました。

この頃になっても、まだ叔父達は、祖母の遺留分減殺請求の訴訟を仕掛けてきませんでした。

不思議に思いましたが、ケチな叔父達は訴訟費用を出し渋り、この裁判の行方を見てから考えようという魂胆だろうと想定しました。そうであれば、この訴訟を遺留分減殺請求より先に終わらせ、遺留分を差し押さえたい我々にとって、大きなチャンスです。

◆第6回 2018年6月

裁判官より、証拠を明確にするように、といった趣旨の指示があり、原告側は過去の資料を精査して主張の確実性を高めました。

遺留分減殺請求について話題に出たため、弊社の弁護士が叔父側の弁護士に確認したところ「まだ準備ができていない」との返答があったと聞きました。

◆第7回 2018年7月

被告側は「金銭消費貸借契約がないので確認しようがない」と主張しているため、裁判所より次回までに準備するようにと指示がありました。

原告側は、叔父が経営者として逸脱行為を行った時期とその内容について整理することを求められました。

被告側には、A社とB社の株主の変遷についての説明と、A社がいつ、なぜB社への資金を貸付金として計上するに至ったのか、それは取締役会や株主総会で決議されたのか否かを明確にするように、といったことが求められました。

◆第8回 2018年9月

前回の指示について、原告側はきちんと書類を提出、それに対して被告側は準備が間に合わなかったとして提出がありません。

おそらく、叔父が遠方に逃げたため相談が不十分なうえ、叔父の説明では書類が作成できなかったのでしょう。

◆第9回　2018年10月

被告側は書類を提出できず、以前とほぼ同様の言い訳を繰り返しました。

さらに、呆れたことに、芝田グループ3社は同族会社として一体関係にあったため、A社としてもB社を倒産させるわけにはいかないため貸し付けたのだ、という意味の発言もありました。

開いた口が塞がらない言い分でした。B社は叔父だけの会社であり、本家の会社とも、A社とも関係などあるはずもありません。ただ負債を叔父が押し付けただけ、ということが丸見えであるのに……。

原告側は、まだ開始されていない祖母の遺留分減殺請求とまとめて和解する、という方向を改めて提案しました。

◆第10回 2018年11月

被告側から証拠説明の書類と言い分が提出されました。

祖母の遺留分減殺請求については言及されませんでした。

◆第11回 2019年1月

原告側は、叔父の経営者としての職務怠慢と、A社からB社へ合理的な理由がないまま貸付がなされたことは明らかなことを主張しました。

さらに、B社はグループ全体の会社ではない、という事実もはっきり主張しました。

◆第12回 2019年3月

被告側は二つの反論をしてきました。

B社のインターネット事業は、A社の事業を回復させるために必要だったので貸付をしたということ。

B社はA社のネットカフェ事業を展開するためにある会社で、A社と一体経営をせざるを得なかったということ。

あまりにも、事実と違う意味不明な主張に、思わず私は「アホか！」と叫んでしまいました。

◆第13回 2019年4月

被告側の主張の内容は前回と変わらず、金銭消費貸借契約の存在を主張していました。

◆第14回 2019年6月

これまで、感情的な子どもじみた言い訳を続ける被告側に対し、原告側は論理的かつ客観的な証拠書類を提出し続けていました。

それは私が感情的にならなかった、ということではありません。弊社の弁護士が「そのような感情的な主張を裁判官は一切取り合わないですよ」と諭されていたため、あえて抑えてきたのでした。

この第14回の主張は、原告側として最後の主張であったため「父の自殺については入れてほしい、裁判官に改めて知ってほしい」とお願いしました。

弁護士はあくまでも冷静な姿勢を崩さず「このあと証人尋問に入りますので、そのときに主張しましょう」と言って、入れない方針であることを私に伝えていました。

できあがってきた書面には、いつもどおりの原告側の主張がありました。

・叔父の主張に具体性も正当な理由もない。
・A社に多額の借金が生じたのは叔父の無計画な経営が原因。
・A社のリストラをせず、B社を利用し、新規事業であるネットカフェに参入したのは明らかに経営失策。

ここまでは、今までの繰り返しでした。

しかし、弁護士がまとめてくれた書面を読み進めていくうちに、私は思わず目頭が熱くなりました。次のことが明確に主張してあったのです。

・A社の負債は私（芝田泰明）に多大な負担を強いており、今後も返済の努力を継続していかなければならない。
・父の自殺は借金苦によるものであった。
・祖母、母、私は個人資産をA社の負債の返済に充てている。
・負債を作った当事者である叔父は現在に至るまで、何ひとつ負担していない。

父の死と母と私の苦労、そして叔父の非道について、しっかりと書き記してありました。

内心「冷静すぎるのではないか」と思っていた弁護士は、私の苦労を誰よりも分かってくれていました。そのうえで勝つための戦略として、あえて論理的な主張だけを繰り広げていたのです。私の胸に弁護士に対する感動と感謝の気持ちが湧きました。

◆第15回 2019年8月

被告側の言い分はほぼ前回同様でした。もうこれ以上言い逃れする材料が見つからないのでしょう。

しかし、あろうことか、被告側は父の自殺については反論してきました。書面には以前よりうつ病を患っていたため、借金苦との因果関係は不明だという旨のことが書かれてありました。

「父をうつ病に追い込んだのは誰だ！」それを読んだ瞬間、最後にきて私の怒りが頂点に達しました。

裁判官は証人尋問に入る前に、和解の可能性があるか確認したいとのことでした。

原告側は遺留分と相殺をし、今後一切請求をしないという和解であれば可能であると回答しました。

被告側は打ち合わせ不足であるとしながら、和解案を提案するとのことでした。

それを受けて、弁護士は私に「どの程度の和解案ならば受け入れられるか検討しておきましょう」と言いました。

◆第16回　2019年10月

この日、訴訟は午後2時からでした。私は弁護士に「結果が分かり次第、メールで知らせてほしい」と伝え、緊張しながら事務所のパソコンの前で待機していました。

もし和解するつもりがあっても、遺留分と同等の金額を請求されるならば、こちらとしては応じられません。決裂すれば、あと2年間は裁判が続いてしまいます。

そして審判の時。

「被告より和解提案あり。金1500万円」

弁護士からのメールを見た瞬間、思わず「勝った！」と思いました。

私はすぐに弁護士に電話を入れました。

弁護士は相手方の弁護士と話をしたそうです。その際に相手方の弁護士は「1500万円という金額は高すぎると思っている」と伝えてきたと言うのです。

こちら側の事実と論理による猛攻が、相手を追い込んでいたのでしょう。

私は密かにほくそ笑みました。

「相手方に心情を吐露するとは、大きな過失を犯したな。あとはここに付け込んで、徹底的に叩くだけだ。さあ、値切り交渉のスタートだ！」

◆第17回 2019年11月

原告側の和解金額の提案の番でした。

当初私は「祖母の現預金600万円が残っているので、それを支払って終わりにしたい」と弁護士に伝えていましたが、相手が弱みを見せてきたことから、和解金額を300万円に減額し、残りの300万円はA社の負債返済に充てるという案を伝えてほしいと依頼しました。

◆第18回 2019年12月

被告側は前回の300万円の和解案について800万円を要求してきました。

しかし、相手方の弁護士はまたもや「まだ高いと思っています」と言ってきたというではありませんか。

これは当方にとってはチャンスです。

◆第19回 2020年1月15日

金額交渉は700万円で成立しました。

先方が細かい条件を付けてきたので、それも呑むことにしました。

私は裁判官に1月中に次回の訴訟を開くよう、弁護士を通してお願いしました。2月5日に東京の不動産鑑定会社でのセミナーで芝田グループの経営再建の実体験について講演する予定が入っていたため、その前に和解を成立させ、スッキリとした気分で思い切り登壇したいと思っていたのです。

その結果、最後の訴訟は1月31日に開かれることに決定しました。

ついに「その時」が……

◆第20回 2020年1月31日

この日の訴訟は13時からでした。「その時」を迎えるべく、私は事務所のパソコンに張り付いて待機していました。

いよいよ「その時」が来ました。弁護士からのメールは至ってシンプルなものでした。

「和解が成立しました」

私は弁護士と税理士に返信しました。

「ありがとうございました！！！」

いくら感謝しても感謝しきれません。

この日、私はこの後、1件会議がありました。泣きはらした目で人に会うわけにはいかないので、私は泣く代わりに、事務所の洗面台で何度も顔を洗っていました。

夜は後輩経営者で新日本住設WEST㈱の大城社長が「お祝いに」とミシュラン三ツ星の割烹を予約してくれていました。

私の顔を見た大城社長は「おめでとうございます。どうしたんですか、芝田さん？脱力感がすごくて哀愁が漂ってますよ」と不思議そうに言いました。

私は思わず「そう？」と笑ってしまいました。

弁護士同士での交渉と調停期間を入れると、3年6ヶ月、2回目の訴訟がスタートしてからは2年3ヶ月。会社再建に着手して8年。あまりにも長すぎた戦いでした。

東京の不動産鑑定会社でのセミナー

２０２０年2月5日、この日は私の初舞台でした。

前年の夏に知り合った税理士法人タクトコンサルティングの高木会計士から紹介していただいた不動産鑑定会社での講演を引き受けていたのです。

「芝田さんの経験は生々しく大変興味深いので、東京の不動産鑑定会社でのセミナーに講師として登壇しませんか？　その会社を紹介します」

そう言ってもらえるのは嬉しかったのですが、当時はまさかそれまでに訴訟が終わるなどとは想像できませんでした。

1月31日に和解交渉が終結していたため、思い切って登壇できました。

登壇後、嬉しいことが二つありました。

まず参加してくださった方のコメント。

「織田信長が人間50年と歌いましたが、信長自身もお家騒動で尾張をまとめるのに人生の半分を費やしました。人生100年時代の現在、あなたはよく解決され、人生これからですね」

私は恐縮すると同時に「がんばってよかった」と心の底から思いました。

もうひとつは、取材で参加していたというある新聞社の編集長からの連載の依頼です。

やりたくなかった同族会社の再建に、丸8年もの歳月を捧げ、没頭した、そんな自分の経験に興味を持ってくれる人など世の中にいるだろうか、と思いました。しかし「その経験が、同じ悩みを持っている人への大きな参考となるんです！」と言われたとき、大変嬉しく思い、全力でその連載を受けようと決心しました。

41歳360日、人生はこれから。私の心は晴れ晴れしていました。

欲を憎んで人を憎まず

「こんな経験をさせてもらったおかげで、成長させてもらえました。ありがとうございました」

叔父にそう伝えたい……なんてことはまったく思いません。

父の命と多額の資産を失いました。多額の負債も残っており、今後も20年以上かけて返済していかなければなりません。あまりにも失ったものが大きすぎます。私はいまだに叔父を許せないままです。一生、許せないかも知れません。

ただ、とことん戦ったのはよかった、とは思っています。

普通の人生では到底できないであろう体験ができたから。

会社再建に着手した当初、私は自分たちの状況も、そして経営・財務・税務・法務なども、まったく理解していませんでした。

そこから、ただ借金を返済するために現実を受け入れ、見るのも嫌なほどに絡まった糸を、一本一本、丁寧にほどいていきました。

その過程で学んだことの数々を当時の自分と同じような人々に伝えたい、そうすれば、私のような経験をする人が減るのではないか。今、私はそんな希望を抱いています。

第2部
不動産会社・銀行・身内から資産を守れ

実践編

4章

「地主業」とは「守る」「増やす」「つなぐ」仕事

地主業とは

地主業という職業をご存じでしょうか？

知らない？　そうでしょう。地主業という言葉は、私が発明したのですから。

地主業は言葉通り地主を業《なりわい》とする、という意味です。

私は自分自身が地主業をしながら、迷える地主のコンサルタントとして活動しています。

地主というと「先祖代々受け継いだ土地を貸しているだけ」というイメージがあるかも知れません。

そんなシンプルな仕事に、コンサルなんて必要ないんじゃないか、と考える方も多いと思います。

しかし、土地を何も考えずに貸すだけで生きていけた古き良き時代は終わりました。

これからは地主も戦略的に生きていかなければなりません。

本書の第2部では「時代が変わったのは分かってる、でもどうしたらいいの？」という悩める地主さんのために、普通の「地主」を、戦略的な「地主業」へと進化させるヒントをお伝えします。

第1部には、ひとつのケースとして、私が突然、借金まみれの会社を引き受け、再建するまでの体験を記しました。

私は5つの会社を渡り歩き、挙げ句に一緒に起業した人に裏切られ、傷心のまま東京で転職活動をしているところで父親が倒れ、地元の兵庫県に戻りました。

覚悟も前提も説明も、何ひとつない状態で、いきなり「はい、会社を再建してください」と7億円もの負債がある同族会社をポンと渡された。それがスタートでした。

8年もの年月を掛けて私は会社を再建し、身内とのトラブルをクリアにしました。

そして、やがて「同じようなことで悩んでいる地主はたくさんいるに違いない」と思うようになりました。

本書の中で、さまざまな人々……不動産、建築、金融、士業に関わる業者、それから身内の叔父夫妻などをかなり厳しく批判していますが、それはたまたま、私の周りにそういう人がいたというだけのことです。特定の業種や会社を批判しようという意図はありません。

何もしなければ地主は、地主を食い物にしようとする魑魅魍魎《ちみもうりょう》に取り囲まれてしまいます。

しかし、誠実で真面目な会社や人物も世の中には存在しています。そういうブレーンにめぐりあい、味方についてもらうには、地主側がぼんやりしていてはいけません。

私の体験したことは、決して「いいお手本」ではないと思っています。最悪なケースのひとつです。

身内とのトラブルや信頼していた人物にだまされたことなど、恥ずかしい、忘れたい経験もできるかぎり公開しました。

それは、私の経験をみなさんの「他山の石」としていただきたいという気持ちからです。

「よく大笑いができ、知的な人々の尊敬と子どもの愛情を得て、真面目な評論家の評価を獲得し、不実な友人たちの裏切りに耐え、美を鑑賞でき、他人の最良の点を見出し、世界に健康な子どもや庭いじりや社会条件の向上といった形でいささかの改善を残し、あなたが生きていたお陰でたとえ一人でも息をつくのが楽になったと知る。こうしたことが、つまり成功ということだ」

これは弊社のホームページの挨拶文にも引用しているラルフ・ウォルド・エマーソンの成功の定義です。

私の体験や知見をお伝えすることで、誰かひとりでも、「息をつく」のが楽になることを願っています。

「地主」と「地主業」の違い

国税庁が発表している不動産所得がある人の数は、平成30年度版の国税庁統計年報によると約328万人で、国民のおよそ2・6％に相当します。そのうち、不動産所得を主な収入とする人は約158万人（48％）。本書では、この158万人の多くを占めているであろう人々を「地主業」に該当すると想定します。

地主が収入を得るしくみは非常にシンプルです。土地を貸すだけで何もしなくても毎月決まった地代が収入として入ってきます。仕入れや在庫管理は不要、倒産する心配はありません。とても恵まれた仕事です。

しかし、生まれ持った運頼みの仕事、誰にでもできる簡単な仕事、といったマイナスイメージをお持ちの方もいるでしょう。

かくいう私も、若い頃は地主として家業を継ぐことに、まったくといっていいほど興味を持てませんでした。

しかし、借金返済のために銀行や不動産会社などと様々な交渉を重ね、さらに叔父との間に生じた3度の裁判を経て、考えは変わりました。

地主は土地をただ貸してお金を得るだけの地主から、先祖から受け継いできた土地を、よりよく活用する地主業へと脱皮していくことで、高収益を生み出し、資産を増やすことができます。

やりようによっては非常にやり甲斐のある、面白い仕事なのです。


地主と地主業の違いをまとめると次のようになります。

地主……戦略なし、業者任せ、収益性普通（逓減《ていげん》していく）、充実度小
地主業……戦略あり、専門家チームをコントロール、収益性大、充実度大

地主業は自分次第で収益が変わってきます。そもそも収益力とは「資産を使って利益を稼ぐ力」です。地主にはそのお金を生み出す資産（土地）は既にあるわけです。

なので地主のみなさん、あなたがご先祖様から受け継いだ土地は、あなたが思ってい

る以上の価値があります。その価値を最大化して次代に受け渡していきましょう。

ねたみには負けなくていい

地主は労働をしなくても賃料収入があります。だから「先祖から受け継いだ財産で金をもらうのはどうもズルをしている気がする」という人がときどきいます。

ハッキリ言葉にしなくても、心のどこかに後ろめたい気持ちを抱いている地主は少なくありません。

子どもの頃に「地主の子」「金持ち」などとからかわれた経験があって、トラウマが拭いきれないという人もいるでしょう。

私も子どもの頃はいじめられました。若い頃に家業を継ぎたくなかったのは、そのせいで地主にマイナスイメージが染みついてしまったからかも知れません。

この世に人間として生まれてくるだけでも、すごい確率だと思いますが、地主の家に生まれてくるのも、同じように確率の問題です。

宝くじが当たれば周囲からうらやましがられます。ねたみから嫌なことを言う人も当然出てくるでしょう。

地主や金持ちの家に生まれるということは、生まれつき宝くじが当たっているようなものです。ねたみから批判や否定をしてくる人は必ずいます。貰おうが稼ごうが1円は1円。ただ、その代わりに多額の相続税はしっかりと支払っているわけですから、堂々としておけばよいのです。

私が会社を再建しようと動きだした当時、経営者の先輩達に相談すると「無理だ」と言われました。「そんなことできるはずがない」「できてから言ってよ」……さんざん言われて傷つきました。

でも「その通りだな。実際やってやる」と思いました。そして、じっくり守って勝つというやり方で達成できました。

「できましたよ先輩！」と言ってやりたいですが、言いません。言ったら相手のプライドを傷つけますから。言わない代わりに、もう会いに行かないし、連絡すらしていないません。

そういった人達との縁は自然に切れますよね。ねたみは「付き合わなくてもいい人間」をあぶり出してくれる、とも言えます。


それに、多少お金があってねたまれたとしても日本一の金持ちではないですからね。ソフトバンクグループの孫正義さんの資産は5兆円（454億ドル）です。私が目指しているのは借金で失った先祖の資産数十億円を元に戻してさらにそれを10倍にすることですが、それでも孫さんの100分の1にもなりません。孫さんと比べたら大したことないじゃないですか。

トルストイはこんなことを言っています。

「人間は聡明で善良であればあるほど、他人の良さを認める。だが愚かで意地悪であればあるほど、他人の欠点を探す」

その通りなんです。

世間がどんな目を向けてきたとしても、気にすることはありません。あなたがあなたのやるべきことを果たしていれば、批難する人たちは、自然に遠ざかっていきます。

運×努力＝実力

地主本人も周囲の人達も、地主には実力など関係ないと思い込んでいます。しかし、それは大きな間違いです。

地主が財産を持っているのは、先祖から受け継いだからですが、先祖から受け継ぐのは財産だけではありませんよね。遺伝子もそうです。誰もが自分ではどうしようもできないもの、たとえば身長や、目・鼻・口の配置具合などを、先祖から受け継いでいます。先祖から受け継いだものが恵まれていればラッキー、美人や男前のようなものです。

もしも、生まれ持って背が高くて容姿に恵まれていたら、より良く生きるためにそのルックスを利用すると思いませんか。モデルや俳優になれるかも知れない。普通の会社員でも見た目がいいほうが何かと得をしそうです。見た目がいいほうが好感度が高くなり、好感を持たれれば成果が出やすいですよね。

でも、どんな美男美女でも芸能界で生き残るには苦労をするだろうし、イケメン営業マンだってボーッとしてたら、ただの仕事ができない奴でしかありません。玉の輿に乗った絶世の美女は美しさ以外の魅力を磨いて夫をつなぎ止めようとするでしょう。「生まれ持って与えられたもの」をちゃんと活かすためには努力が必要です。

考えてみればどんな仕事でも「生まれ持ったもの×努力＝実力」ではないでしょうか。地主の家に生まれれば「生まれ持ったもの」は結構大きいはずです。だから、少しの努力で大きな成果を出せる可能性があります。しかし、努力が0なら実力は0になってしまいます。

何を受け継ぐかは運です。でも、それを生かすも殺すもその人次第です。地主業を成功に導くには、運と努力の両方が大事なのです。

先祖に感謝、だけでいいのか

「道徳なき経済は犯罪であり、経済なき道徳は寝言である」　二宮尊徳地主が地主でいられるのは、ご先祖様が残してくれた財産のおかげです。だから、ご先祖様には本当に心の底から深く感謝しなければなりません。

私は、毎日ジョギングのついでに先祖の墓にお参りしています。

亡くなった祖母には「ついで参りは縁起が悪い」とか「上半身裸で仏様の前に行ったらアカン」などと叱られましたが、「走るついでじゃなくて、走って墓参りに行ってるから墓参りが目的。服着てるし」なんて言い返したりしていました。親戚中から恐いと恐れられていた祖母でしたが一本筋の通った女性でした。

多くの地主は、自分が今、所有している土地は「相続でもらっただけだから」という言い訳をして、地主の仕事を疎《おろそ》かにしています。

「自分にはご先祖様のように地主としての才覚がないから」と、地主業として本来やるべきことをやらずに、ただ日々の時間を無駄に過ごしている地主のなんと多いことでしょうか。

でもそれは、先代から受け継いだ資産をただ食いつぶしているに等しいことかも知れません。

ご先祖様がやり手の地主だったとしても、もうこの世にはいません。今、目の前にある銀行や不動産会社との交渉は、あなた自身がしなければならないのです。

老舗の味はずっと変わらない、と多くの人が思い込んでいますが、時代を経ても人々に愛され続ける老舗は、時代遅れにならないようマイナーチェンジを繰り返しているものです。地主も同じです。受け継ぐだけではなく、時代に合わせてアップデートしていかなければ、将来の子孫に同じように財産を残してあげることは不可能なのです。

守るべきものを守り、綿密な物件経営をおこなうことで、ご先祖様以上の財産を築くことは可能です。「自分にはできる」という自信と「やってやる」という気概を持つべきだと思うのです。

私は、今こそ全国の地主のみなさんに、「地主業」という立派な職務をまっとうしてほしいと思うのです。地主の仕事は、ご先祖様から受け取ったバトンを、落とすことなくピカピカに磨き上げ、未来へつないでいくことなのですから。

自分の頭で考え、適正価格で運用することによって、あなたが先代から受け取ったように、あなたもまた、次の世代により多くの財産を残そうではありませんか。

地主の既成概念をひっくり返せ

地主は楽な商売ですが、サラリーマンがイメージする「楽な仕事」とは質が異なります。

サラリーマンは、会社で特に大きな責任も裁量もなくストレスのない環境で、そこそこ収入が得られていれば、それを「楽な仕事」と考えるでしょう。

多くの地主は、サラリーマンと同じような感覚で、決められた地代のまま、あるいは銀行や不動産会社、保険会社、税理士、弁護士などに言われるがまま、自分の考えなどまったくなしに、土地関係の書類に印鑑を押しています。何より私の家がそうでした。

世の中に自己資産を寄付しているつもりなら、私はそれが悪いとは言いません。しかし、自分の土地の正当な価値が分からず損をしている、せっかく先祖から受け継いだ土地がもったいない……とは思います。

地主を業としてとらえ、自分の道を切り開こうと覚悟を決めると、違った世界が見えてきます。

地主業は自分の行動次第で収入が変わってくるという、経営者や起業家の世界です。収入は自然に空から降ってくるのではありません。自分自身で目標を決め、それを達成するための計画を立て、人材を動かす、エキサイティングな世界なのです。

もちろん、全ての地主が経営者としてのビジネスマインドがあるわけではないし、起業家精神を持っているわけでもありません。なかには地主を業として行う覚悟を決めながらも、最適なやり方が分からないという方もいます。私は、そんな全国の地主さんを対象とした地主社長専門のコンサルタントとして活動をはじめています。

デキる地主業はトラブルを未然に防ぐ

私は叔父との経営権争いや遺産トラブルで、やむなく裁判という手段をとりました。しかし、いざとなったら訴えればいい、とは思っていません。裁判は他に打つ手がなくなった場合の最終手段です。

人として戦うべき時には戦わなければなりませんが、勝っても負けても失うものが大きいのが裁判です。私は泥沼の裁判になんとか勝つことができましたが、戦ったことで貴重な時間や裁判費用、仲の良かった親戚との交流など、多くのものを失いました。失ったものは戻ってきません。

賢者は争いが起こる前に手を打っているものです。

大立ち回りをするのは愚者であり、理想は「戦わずして勝つ」なのです。

私は裁判をしなくていいよう最大限立ち回りましたが、力及ばず裁判をしなくてはならなくなった。もっと事前に時間をかけて、周到に目配りをすべきでした。

そして、それこそが地主の仕事の本質だったと後で気付いたのです。

私と同じ轍《てつ》をみなさんには踏んでほしくない、そんな気持ちで私は地主業のコンサルタントとして起業し、この本を書いています。

戦略は「戦いを略す」と書きます。文字通り、地主業には戦略が必要です。

そして、戦略立案には、先を見通す目、不動産ビジネス・投資・財務・税務・法律の知識などが欠かせません。着眼大局、着手小局。そう考えていくと、地主業は非常に知的でクリエイティブな仕事でもある、と言えるのではないでしょうか。

5章
「地主はいつも狙われている」と心掛ける

雇われて労働することに意味はあるのか

本業はサラリーマンで、そのかたわら土日の余暇に副業として、親から引き継いだ土地を管理するという人も多いのではないでしょうか。

もちろんサラリーマンが悪いとは言いませんが、計算してみてください。会社員として自分が稼ぐ金額と、家の資産のどちらが多いでしょうか。家の資産を覚悟をもって活用したほうが、サラリーマンよりもずっと大きな金額を動かせるのではないでしょうか。

そんなにも生産性の高い地主業をないがしろにするのは、もったいないことだとは思いませんか。

アフターコロナの時代、さらにテレワークが進んで、週の5日のうち出社するのは1、2日という人も多いでしょう。この機会に自分の家の財産に関して勉強してみてはいかがでしょうか。

「雇われて働くのが正しい」という思い込みはそろそろ捨てて、地主業という仕事に正面から向き合うことを検討してみませんか。

お金が絡んだとき、その人の「本性」が現れる

「人間とは恩を忘れやすく、移り気で、偽善的であり、危険に際しては臆病で、利にのぞんでは貪欲である。君主は愛されるよりも、怖れられる方が安全である」

ニッコロ・マキャベリ

現金、特に大金が絡んだとき、人は本性を現す、といいます。

私は今回の騒動で、人間の本性を見抜く言葉を発見しました。

それは「お金の問題じゃない」です。

お金に執着している人は、必ずこういう意味のことを言います。

叔母の給料を下げた際に叔母が私の悪口を言いふらしたことはすでに書きました。

会社を立て直すためには仕方がない減給で、それを分かってくれているはずなのに、私に対する悪口があまりにも酷く、さすがの私も傷つきました。

そこで、母親を通して「いったいどうしてほしいんだ？　いくらの減給なら納得いくのか」と聞きました。その際に返ってきた言葉が「お金の問題じゃないの」でした。「金の問題やろ」と思いました。

給料を下げられたのが不満なのに、メンツや体裁や他のことにすり替えて悪口を言いふらす……「お金の問題じゃない」と言う人ほど、優先しているのは「お金の問題」なのです。

お金は生きていくために大切なものです。だからお金が絡むと多くの人が変わります。

だからこそ、お金の話をしても人格が変わらない人、お金の話をまっすぐできる人ほど友人になれるのではないでしょうか。

お金は後からついてくる、という考え方もありますが、私の経験から言うと、それは嘘です。

お金は後からついてくる、と信じていた上司の起業についていったため、私は東京で貧乏暮らしを強いられました。

正面からお金の話ができない人はダメ。いずれ害をおよぼすので遠ざけるべきです。特に「お金なんて関係ない」という言葉を信じてはいけません。そんな人間は、嘘つきだと思っているくらいでちょうどいいのです。

金と情（親族関係）は水と油の関係です。両立してほしいと私も心から願います。しかし、実際には仲良くしたい親類縁者ほど、金の問題でモメています。もしかしたら、落語に出てくる貧乏長屋のように全員が貧しい状態ならば、金と情は両立するかも知れません。私は貧乏長屋で暮らすのは嫌ですけどね。

仏教では、人には上根・中根・下根があるといいます。「根」というのは人の資質です。上根は、生まれつき賢くて教えられなくても分かる人、これはほとんどいません。中根は、教えてもらえば分かる人。下根は教えられても分からない、というか教えをはなから聞き入れない人です。

上根の人は理念や「それが社会のためになるか」といった広い視野で動きます。中根の人間は「人格の尊重」で動く。一方で、下根の人間は「利」で動く。世の中の人間のほとんどが下根です。ただそこを外したら、人間の世界は生きていけないのです。

やはり、しっかり「儲ける」ことを考えて動いていかないといけない。歴史上の人物では豊臣秀吉が下根の人間を集め、動かすことが上手だったと言われています。

地主が簡単にだまされるのは、下根の人間をどう上手く扱うか、その基本的な視点が欠けているからではないでしょうか。たいていの人は金についていく、ということを知っておくだけで、だまされにくくなります。

大切なことなのでもう一度書きます。

お金が絡んだときに、その人の本性が現れます。

「資本力」が人生を豊かにし、選択肢を大きく広げる

お金がある状態、つまり資本力を持つことの意味を考えてみましょう。

人はどんな相手を「重要だ」と感じるでしょうか？　家族や友人など親しい人は当然ですが、有名な芸能人など人気者も重要人物ですね。偉い学者さんや大企業の社長もそうでしょう。

それに加えて「お金持ち」も、世間では重要人物だと認識されます。

たとえば、同じ年齢で同じ仕事をしていたとしても、貯金が30万円の人と30億円の人では、後者のほうがより重要人物として扱われるのは事実です。

お金を持っていれば、好きなときに好きな物が買えるとか、欲望を満たせるとかいうだけではありません。お金がある状態は、人生の選択肢を大きく広げるのです。

私は普段イライラすることがありません。なぜかというと同族会社再建・相続争いが終わり、安定収入があり、資本力を元に自立した生活を送っているため、嫌な人と付き合わなくていいからです。余計な人間関係もないですから、ストレスは最小限です。会うのは自分の選んだ信頼のおける人だけ。だから、普段イライラすることがないのです。

もし資本力がなかったらどうでしょう。

世の中のほとんどの人が自分の時間を切り売りしてお金を手に入れています。生活のために乗りたくない満員電車に乗り、好きでもない客に頭を下げ、イヤな上司のご機嫌を取って、生活費を稼いでいる。ところが、地主は自分がすでに持っている資産を活用するだけで、自分の人生の時間や選択肢を増やすことができます。

自分で時間をコントロールできるのです。それがこの資本力を持つところの最大の意味だと思っています。

資本力を持つことで、人生が豊かになって自分の可能性が広がるのです。

地主はいつも狙われている

私の母は、株取引の経験などなかったのに、証券会社に「外国株がいい」と言われ、買わされたことがありました。手数料目当てなのかひんぱんに売り買いをさせるので、私が東京から戻ってきたタイミングで「うちの財産は僕が管理しているから、僕に断りなしに母親の株を売らないでくださいね」と釘を刺しました。

ところが私の目が届かないところで、証券会社の支店長は母の持ち株が上がっているのを見て私の確認なしに勝手に売ってしまったのです。

3日間怒りがおさまらず、「これは言うべきだろう」と証券会社のお客様相談室にクレームを入れ担当者を外し、支店を変更してもらいました。最終的には証券会社ごと外すことにしました。

弊社の顧問税理士に聞いた話ですが、ある地主のおばあさんは、ある住宅会社の営業マンに「ここにハンコを押してもらえるまで帰りません」と居座られて、しぶしぶ押したくもないハンコを押してしまったそうです。その税理士の先生は、後日、その住宅会社と貸付をした銀行に「年寄り相手にしょうもない商売をするな！」と猛烈なクレームを入れて契約を破棄することができたそうですが、そんな知り合いがいる人ばかりではありません。押し切られてしまった地主も少なくないでしょう。

自分の数字のことしか考えていない営業マンは、いくら追い払っても地主に群がってきます。

こちらの無知や経験不足、弱気につけこんで地主の財産を奪おうとしたり、奪わないまでも、我が物顔でコントロールしようとする輩《やから》は掃いて捨てるほどいます。

そんな奴らと関わり合わないためには、地主としての覚悟と勉強、頼れるプロのサポートが絶対に必要です。

地主を食い物にする業者の見わけ方

地主はさまざまな業者から「おいしい」と思われ狙われています。できることなら食い物にされたくない、というのが普通の心理ですよね。しかし私は逆に地主を食い物にしようとしない業者なんていないと思っています。

経済活動は持ちつ持たれつですから、誰もがお互い食いつ食われつ、バランスを取ってやっているわけです。でも、相手をだましてものすごくたくさん食ったり、100対0で食ってくるような奴らには引っかかりたくないものです。

地主を食い物にする業者を見極めるには、相手の様子を冷静に観察することです。経営コンサルタントを名乗り、うっとりと自分に酔ったような顔で提案してくる人間を信じてはダメです。自分の利益のことしか考えていません。

私は自身で同族会社の経営再建という修羅場をくぐり抜けているので、話を聞いていれば、その人が本当に実績があるかどうかがすぐに分かります。経営コンサルタントと名乗るなら会社の再建の1つでも達成してから話をしてほしいと思いませんか。だいたい、経営コンサルタントと名乗りながら自分は儲かっているのか、という話です。実績があって初めて話が聞けると思いませんか?

また「いい人」も要注意です。私の知る最悪の営業マンは「まず、家に入ったら仏壇に手を合わせて、チーン!」と言っていました。亡くなった家族やご先祖様に手を合わせてくれた人を邪険にはできないという心理を突いています。ちょっとしたことを親切にやってくれたり、小さなプレゼントをくれたり「この人はいい人だから」と信用させ、返報性の法則を狙って判を押させる、こうなると詐欺師の手口です。

銀行からティッシュやラップをもらっても、こちらが支払う手数料のほうが何十倍も高いのですから「お返しをしなければ」と思わなくてもいいのです。

ビジネスは数字が全てです。地主業も仕事ですから、シビアに数字を見なければいけません。数字を追いかけずに欲や情に訴えかけてくる業者は、まず「あなたの財産を食いに来ている」と考えて間違いないでしょう。

コントロールするのは誰か

世の中には2種類の人間しかいません。男と女？　いいえ、人を使う人間と、人に使われる人間です。さて、地主はどちらでしょうか。

当然、前者の「人を使う立場の人間」であるべきです。土地をはじめとする資産をうまく管理し、その価値を目減りさせずに、長期的に利益をあげ続けるためには、金融関係者、士業家、不動産業者などをうまくコントロールしなければなりません。

それなのに世の多くの地主は、本来はこちらがコントロールすべき人間達に、いいようにだまされてしまっています。なぜでしょうか？

その理由を私は「性善説で見ているから」だと考えます。

地主は育ちがいい。生活に余裕があり「お坊ちゃん」「お嬢ちゃん」とチヤホヤされて育った人も多いでしょう。子どもの頃にいじめられても「相手は嫉妬しているだけで本当は悪い人じゃないかも知れない」なんて許してしまう。

「自分の周りはいい人ばかりだ」と信じて、自分自身もいい人でいれば、周囲は優しく接してくれるかも知れません。でもそんな相手に裏切られ、財産をかすめ取られたあげくに「アイツはお坊ちゃん育ちだから」なんて陰で笑われているとしたら悲しいですよね。

むやみに人を疑え、と言っているのではありません。世の中は善人ばかりではありません。無条件の性善説は危険だ、ということを伝えたいのです。

信じていいかどうかは、相手が「いい人」かどうかでは決まりません。その人が成果を上げるかどうか、コントロールする立場として冷静に見極めてください。羊の皮を被った狼にだまされないために。

地主のステージ

たとえば、同じ会社員でも新人、中堅、役員、経営者までさまざまなステージの人がいます。地主もまた然りです。

会社員なら万年平社員でもいいかも知れません。しかし、地主の仕事は経営者と同じく、人・物・金・情報を管理しコントロールすることです。

常にステージを上げていかなければなりません。地主はどのようにステージを上げていくべきなのか、順を追ってみていきましょう。

◆ステージ1

最初から金融、不動産、法律、保険などに関する知識を持ち合わせている人はいません。この圧倒的な知識不足な状態を、ステージ1とします。

このステージでは、自称「専門家」たちが群がり、資産が毎年のように目減りしてしまいます。この状態に留まることは絶対に避けなければなりません。

◆ステージ2

地主業に目覚め、勉強をしながら自分の分からない部分を補うための専門家を雇う状態がステージ2です。

必要な情報を得るためにセミナーに出かけるなどの行動をとったりします。

◆ステージ3

ステージ2で雇った専門家を、コントロールできている状態です。

地主業として資産を増やし、将来必ず来る相続の対策を抜け目なくおこなうことで、安心して安定経営を続けていけます。


現在、私はステージ3の状態、つまり私のコントロールの下で、一流の専門家が連携している状態を実現させました。ストレスもなく、非常に楽しい毎日を送っています。

天狗になった時点で終わり

二宮尊徳は、貧窮について次のように語っています。

「遠きをはかる者は富み、近きをはかる者は貧す。それ遠きをはかる者は百年のために杉苗を植う。

まして春まきて秋実る物においてや。故に富有なり。

近くをはかるものは春植えて秋実る物をも尚遠しとして植えず、唯眼前《たんがんぜん》の利に迷うてまかずして取り、植えずして刈り取る事のみ眼につく。故に貧窮す」

つまり、目の前の利益ばかりに囚われていると貧乏になる。逆に、先々を見越した長期戦略を打ち出し、実行する人は富む、と教えています。

地主業はご先祖様から受け継いだバトンを子、孫、その先の代にまで引き継いでいく壮大な事業であり、先々を見越した経営が欠かせません。成長と継承の両輪が揃ってこそ成り立つのが地主業なのです。

また、これは地主業に限ったことではありませんが、あらゆる経営者には不安がつきものです。

会社経営は、経営者が安心しきって天狗になった時点で終わりです。うまくいくのは「明日はどうなるか分からない」と戦々恐々と気持ちを揺さぶりながら考え続けている間だけ。慢心したら途端に落ち目になってしまいます。

それは、地主も一緒です。地主は土地という財産を持っているため「いざとなったら売ったらいいじゃないか」という考えがあるかも知れません。しかし、その土地が一体いくらで売れるのか、希望の価格以上で買ってもらうためには周到な用意が必要です。

「土地があるから大丈夫」「困ったら土地を切り売りすればいい」

大多数の地主が持っているそんな甘い考えが、地主にとって将来的には命取りになりうるのです。成長と継承あっての地主業なのです。

6章
地主業1年目、これだけはしておこう

まずは財産と金の流れを把握する

地主のあなたが、もしもまだ法人化していないのでしたら、今すぐにでも法人化をお勧めします。

理由は「税金対策」です。次の表をご覧ください。

このように、ある一定以上の収入が見込める地主の場合、個人よりも法人のほうが遥かに有利です。ご自身の所得に当てはめて考えてみてください。

法人になった地主が最初にするべきなのは、「現状把握」です。

自分の持っている土地からいくら収入があり、いくら支出があるのか、収支の把握がスタートです。

どんな物件があるか、所有者は誰か、そこからいくら入ってくるか、そこに対して出ていく金額はいくらか。整理するのは難しいことではありません。銀行の通帳と保険の契約書、固定資産税のお知らせなど手元にある書類をきちんと見て、エクセルで

表1　法人所得の負担税率(平成31年9月開始事業年度の法人まで)

(単位:万円)

所得階級 超～以下	法人税＋地方法人税	事業税＋地方特別法人税	住民税	合計表面税率	実効税率
0～400	15.66%	4.87%	(15.66%×12.9%) 2.02%	22.55%	21.42%
400～800	15.66%	7.30%	2.02%	24.98%	23.20%
800～	24.22%	9.59%	(24.22%×12.9%) 3.12%	36.93%	33.59%

1)資本金1億円以下の法人の適用税率。
2)県市民税率は標準税率によっています。
3)実効税率の計算は、事業税を損金算入した実質負担率。
　表面税率を(1＋事業税率)で除したものです。
4)平成30年3月以前開始事業年度の法人で、所得が800万円を超える場合の実効税率は33.80%(所得が800万円以下の場合は変更ありません)。

表2　個人所得の負担税率(平成29年の所得税及び住民税)

(単位：万円)

所得階層 超～以下	左の課税所得に見合う給与収入額の上限		所得税＋復興特別所得税	住民税	合計税率
0～195	(195)	304	5.10%	10%	15.10%
195～330	(330)	480	10.21%	10%	20.21%
330～695	(695)	905	20.42%	10%	30.42%
695～900	(900)	11,200	23.48%	10%	33.48%
900～1800	(1800)	20,200	33.69%	10%	43.69%
1800～4000	(4000)	42,190	40.84%	10%	50.84%
4000～	(4000～)	42,200超	45.94%	10%	55.94%

1)給与収入から給与所得控除をして課税給与所得が算出されます。
2)住民税率は一律10%。
3)個人所得の課税は、その者の総合所得から基礎控除等の諸控除を差し引いて課税所得金額を算出しますが、単純な税率の比較の為考慮しておりません。
4)所得税に計算上控除額がありますが、単純な税率の比較の為考慮しておりません。

表を作るのがおすすめです。

そんなものは作れないという人のために、巻末に私の作った「各種経営管理表」を掲載しました。あなたの使いやすいようにアレンジして作ってみてください。

それも面倒だという人は税理士さんにお願いすれば作ってくれるかもしれませんが……彼らは専門家ですから、もしかしたら地主には難しすぎる表ができあがってくるかも知れません。

ここでの目的は細かい数字を確認することではなく、概算で全体を掴むことです。「なんとなく分かっているつもり」になっているだけで、実はよく見えていないお金の流れを「見える化」します。

現状に向き合い、どんな状態かを把握するだけで、安心感が大きく変わってきます。漠然と「これ、いくらだったっけ？」という状態から卒業しましょう。

専門家を疑う

現状把握と同時進行でやってほしいことがあります。それは親の代から顧問になっている税理士や不動産会社、保険会社がどういう人なのかを確認することです。お茶を飲む程度でもいいので面談して、その人がどういう人間なのか注意深く観察します。やはり、じっくり一対一で話してみないと分からないのです。

とはいうものの確認したいのは人柄ではありません。その人が親切だったり冗談を言って笑わせてくれたりするから税金の相談をする、などということはありません。「いい人」とは結果を出してくる人。こちらの要求に対して着実に動いてくれるかどうか、それだけです。

その知識や能力をあなたのためではなく自分自身の利益のために使う「自称・専門家」たちには注意しなければなりません。

地主の周りにはさまざまな専門家がいます。

【士業関係】……税理士、会計士、弁護士、司法書士、不動産鑑定士、土地家屋調査士、建築士

【金融関係】……銀行、保険会社、証券会社

【土地関係】……不動産仲介会社、建設会社、住宅メーカー、物件管理会社

繰り返しますが、地主はそれぞれの専門家に任せっきりにするのではなく、言いなりになるのでもなく、自らが彼らをコントロールし、「使う立場」であらねばなりません。

しかし、多くの地主たちはご先祖様が残した土地を何の工夫もなく貸し、専門家に言われるままに印鑑を押したりしています。

私も当初は地主としての基礎知識に欠けていたため、言われるままに書類に判をついていましたが、案の定、前の顧問税理士にいいように利用されてしまいました。

その人が善意で、しかもそのアドバイスが一般的に正しいものであったとしても、自分の土地や状況に当てはめると最善ではない、ということもあります。

専門家のアドバイスを信じるなということではありません。どんなアドバイスも鵜呑みにしてはいけない、ということです。最終的に決断を下すのはあなた自身です。

こんな「自称・専門家」に要注意

◆「分かっているフリ」が得意な銀行マン

銀行の担当者と話をしていると「あー、それならよく知ってますよ」「弊社でもそんな話はいっぱいありますよ」などと言うので、「さすがいろいろ見聞きして経験しているんだな」とうっかり思ってしまいます。

銀行にはいろいろな事例のストックがありますから、確かにいろいろなケースを知ってはいるのでしょう。しかし、大切なのはその人自身がひとつでも問題を解決したことがあるかどうかです。多くの銀行マンが「知っているだけ」「聞いたことがあるだけ」、つまり頭でっかちなのです。

銀行では、誰と関わるかも大切です。支店長、もしくは副支店長と話さなければいけません。もし、それ以下の担当者が出てきたら「一番偉い人を呼んできて」と言ってもいいでしょう。私たち地主は売買や融資で動かす金額が大きいので、平の担当者と付き合うのはお互いに時間の無駄です。

特に問題がなければメインバンクを決めて、その銀行とずっと長く付き合っていってもいいのですが、ひとつに固定せず、違う銀行の話を聞いてみることも大事です。銀行によって出してくる数字も、その根拠もまったく違います。比較して有利なところを選ぶのは当然です。

◆自社製品しか知らない営業マン

これは銀行、生命保険、不動産会社などで言えることですが、社内で優秀な賞を取った営業マンだからといって、あなたにとっていい商品を勧めてくるわけではありません。

彼らは通常、自分の会社が売り出している商品しか知りません。それを、他社の商品とよく見比べもせずにこちらに売りこんでくるわけです。一社の商品にしか詳しくない営業マンに判断を委ねるのは危険です。

売り込まれる側の私たちはいくつもの商品を比較検討して研究できます。どんどん質問しながら商品知識を教えてもらい、比較と検討は自分でおこなうのが正しい付き合い方です。

◆不安をあおってくる保険の営業マン

営業担当者は仕事でお客様のところに来ています。私たちは「彼らの仕事は顧客の利益を上げることだ」と思っていますが、それは性善説に則った美しき誤解です。彼らの多くは自分の仕事を、成績を上げること、社内での地位を守ることだと思っています。そのために、こちらの性善説を利用します。

自分のことしか考えていない相手に接するときは、こちらも自分のことしか考えないようにしないと太刀打ちできません。いわば、性悪説です。営業に来る人々は、奪うことだけを考えていると思うくらいでちょうどいいのです。

特に「◎◎しないと損をする」「●●しないと手遅れになる」などと不安をあおられたら要注意です。「相手の知らない情報を並べたて不安をあおるというやり方」で出世する人が結構多いのです。

複数意見を取り入れて先を見定める

自分の物件をいくらで貸したらいいのか、どの土地からどの程度の収益を上げるべきかなど、目標が定まらないうちは、できるだけ多くの専門家に「この物件の収支はこうなんですが、運用状況についてどう思いますか？」と意見を聞いてみることをおすすめします。

これは私が自分で突撃して得た方法なのですが、ポイントはできる限り多くの人に相談することです。数稽古のようにいろいろな人に当たっていくと、当然、それぞれが違った意見を言います。

いくつもの意見を聞いているうちに「この人は信頼できそうだ」という見当がついてきます。見当をつけながらも、さらに他の人の意見を聞いて、その確信を深めていくという作業を繰り返して、思考をブラッシュアップしていきます。

地主は勉強も仕事のうち

「成功とはチャンスに対して準備ができていることだ」という名言があります。チャンスは準備ができている者にしか訪れません。準備ができていなければどんな好機も活かせない、気付かないままでしょう。

地主にとって準備とは、日々の勉強です。

地主は基本的に時間があるはずです。普通の人々には到底できない贅沢な勉強法が実践できます。

机にかじりついてガリ勉をしろというわけではありません。私の実践してきた勉強法は、次の3つに集約できます。

・読書……………人間や歴史を学ぶ。
・セミナーに参加……知識・情報を得る。
・専門家に質問………疑問点を解決する。

大切なのは継続です。1日1つ、週に1つでも継続していく。1日に1つ何か新しいアクションを起こせば、1年間で365回も体験することになります。

たとえば、週に1冊本を読むと決めたら年間54冊もの書籍が読破できますし、土日のどちらかはセミナーで学ぶと決めたら年間54回。1日に2つのセミナーに出席し続けたとしたら、年間で100回以上のセミナーに出席できることになります。するとしないとでは大きな差になります。

こういったことを言うと「そんなことは分かっている」という人が必ずいます。しかし、実際に行動しているでしょうか。「知っている」のと「知らない」のとでは大きな差があるように、「知っている」と「行動できる」にも大きな差があります。

さらに言えば、「行動できる」ことと「結果を出すこと」にも大きな差があります。行動することは誰でもできるのですから、ぜひやってみてください。

不勉強は身を滅ぼす

不動産投資家には投資アドバイザーがいます。株投資には株式アナリスト、会社オーナーには経営コンサルタント……そう考えてみると地主の周囲にはアドバイザーやコンサルタントとなる人材が不足しています。

しかし、「自分には今、アドバイザーが不足している」と感じた地主がすべきことは、頼れる相棒や相談相手を探すことではありません。

まずすべきことは、自分自身の地主としての基礎力の向上です。

私も知識のないところからやってきましたが、基本的なことが分かっていなければ、税理士や不動産会社の営業、銀行マンたちの話す内容が理解できません。専門家のアドバイスを活かしきれなかったり、相手の思うつぼにはまってしまったりします。

ネットで調べれば分かる時代、聞けば教えてもらえる立場にあるのですから「知らない」「そんなの聞いてない」というのは免罪符にはなりません。

不勉強は自分の身を滅ぼすという事実を肝に銘じてください。

地主業のキモは覚悟と決断

普段の地主業は、たとえ寝ていたとしても賃料が入ってくる商売です。しかし、それを最適化して最大限の利益を得るには、無限にある選択肢から土地の活用法を選び、どのように運用するか決めなければなりません。

そこで必要なのが、覚悟と決断です。

しかし、人間には目の前の解決策に飛びつく習性があります。

他の解決策を知らないと、それが全てだと思ってしまいがちです。

多くの異性に会えたわけではないのに、たまたま目の前に現れた相手を運命の相手だと思い込んで結婚を申し込むのと似ているかも知れません。

公正な判断を下すためには、自分なりの条件をじっくり考えたり、他の可能性も探ってみるといった準備が必要です。

勉強しながら覚悟を固め、決断をするためには熱意を持って飛び込んでいく。

自分の土地をどうしたらいいのか、私も決めるまで大いに悩みました。時間をかけて考えて、そして決断したら、もう戻りません。

チャンスを逃さないためには準備をしなければなりません。準備をしておけば「ここだ！」と思ったときにすぐ決断できますから。

準備をしておけば必ず、決断できます。決断できないということは、準備が足りないということとイコールです。


実際「地主業」は、製造業や証券業、ＩＴ業などの「業」と違い、桁違いにシンプルです。だれでもやればできることなのです。

地主であるあなたが「やる」か「やらないか」は、あなたの決断力にかかっているのです。

地主は山岡荘八『徳川家康』を読むべきだ

あらゆる勉強法のなかで一番手っ取り早くて、誰にでもはじめられるのが読書です。習慣的に読書の時間を作りましょう。もし週に1冊の本を読めば、年間で54冊もの本を読破できます。しかし、趣味の読書は別にして、勉強のためにする読書は、たくさん読めばいいというものではありません。本を読んで得た知識、理解した内容をどれだけ活かせるかが大切です。

「愚者は経験に学び、賢者は歴史に学ぶ」といいます。いろいろなジャンルの本に手を出すより、古典や名作を1冊しっかりと読み込む精読スタイルのほうが、学びはより深くなります。地主としての収入のベースがあれば時間が作れますから、辞書のような分厚い本に挑戦してみてください。

私がここ数年で読んだ本を挙げてみます。

叔父との裁判の最中は、マキャベリの『君主論』をはじめ、『史記』『三国志』『殷周伝説』、信長、秀吉、家康、ナポレオン、また司馬遼太郎と山崎豊子の小説などを夜な夜な読みながら作戦を考えていました。

私に地主としての指針となり戦略を授けてくれたのは、司馬遼太郎の『坂の上の雲』でした。

当時弱小国であった日本は、列強と言われたロシアのバルチック艦隊と対馬沖で戦うにあたって「皇国の興廃この一戦に在り」とZ旗（後がない）を掲げました。日本艦隊のブレーンであった秋山真之はこのために10年間じっくり兵を養い、砲弾の命中率を高めていき、そして、いざというときに集中して戦い、全世界で類を見ない勝ち方をしました。じっくりと機を待ち、いざ勝負の時には、全力で突っ込んでいくという戦略は、私の地主業の考え方のベースとなりました。

人生も、投資も、じっくり準備をして力を蓄え、ここぞというときに確実に勝つ、というスタイルが強いのは一緒です。

日銭を稼ごうとこまめに売買を繰り返すデイトレーダーは、地球の裏側で大金を動かす外資系投資銀行のプロトレーダーらと勝負しているのと同じです。だから勝てない、勝てたとしてもそれはまぐれ当たりです。

確実に勝つには、じっくり止まって準備を整え、機を見て一気に仕掛ける。これは宮本武蔵の戦法です。巌流島で佐々木小次郎を2時間待たせ、焦らせて勝ちを確実にした。剣豪ですら自分が勝てるように周到に準備していました。「確実に勝つやり方でしか勝負しない」というのが、負けないための法則です。

読書は嫌いではない私でも、さすがに読むのが大変なこともあります。

弊社の顧問税理士の先生に「地主の経営者にとって大切なことが詰まっていますから」と山岡荘八『徳川家康』全26巻を読むよう勧められました。びっくりするほど長いし、昔の言葉が多すぎて……「これでは時間がいくらかかるか分からない」とギブアップしそうになりました。

調べてみたら漫画化されたものがありました。横山光輝『徳川家康』。漫画も23巻ありますが、漫画なら何とか読みきれます（ちなみに『史記』も横山光輝で読みました)。

徳川家康は数々の名言を残していますが、なかでも「人の一生は重荷を負うて遠き道を行くが如し、急ぐべからず」という名言には、じっくり準備に時間をかけ、最良のタイミングで確実に勝つというやり方を学びました。

他にも池田理代子(『ベルサイユのばら』の作者)の『栄光のナポレオン―エロイカ』では、ナポレオンの天才性は「与えられた機会を逃さない」という点に集約されていたことを学びました。

歴史上の人物は私達にいろいろなことを教えてくれます。学者になるのではないのですから、無理して活字の本を読まなくとも漫画で十分です。学んだことを活かして行動する、読書で得る知識はそのための材料です。

無料セミナーで知識を身につける

地主には不動産ビジネス、財務、税務、法務、投資の知識が必須です。

しかし、教科書を買ってひとつひとつ勉強するといった方法では、よほどの人でなければ頭に入らないでしょう。

すぐに役立つ知識を得るのにおすすめなのが、地主を対象とした無料セミナーです。ある程度の知識が身につくまでは、毎週末、土、日にひとつずつ参加してみてはどうでしょう。

銀行、不動産会社、ハウスメーカー、証券会社など、さまざまな業者がセミナーを開催しています。

参加するセミナーの選び方ですが、自宅に届くチラシのなかから興味があるものを選べばいいだけです。まずは、大手の会社が主催するセミナーがいいでしょう。大手なら自社の看板に見合う、それなりの有名・人気講師を呼んでいますから有益な話が聞けるはずです。

私は参加したセミナーで相談するときには「最も優秀な人を紹介してください」と依頼するようにしています。セミナーに参加することで人との出会いも広がります。

ブレーンに聞くのは効率のいい勉強法

地主には、知識と情報が必要不可欠です。しかし、あなたが税理士、弁護士など、いわゆる士業のような専門家になる必要はありません。

彼らをブレーンとして迎え入れ、必要なときに必要なことを教えてもらえばいいのです。

なかにはプライドがあって「分かったふり」をしている方もいるでしょうが、思い切って改めて質問してみることをおすすめします。「なるほど」と思うことばかりです。

私にはそんなブレーンがたくさんいます。こちらが知りたいことを聞けば、必要な知識を教えてくれます。優秀な人ほど素人に対しても分かりやすく説明をしてくれます。

顧問の先生方からは「お客さんは何百社もいますが、芝田さんみたいに元を取ろうと質問してくる人は他にいませんよ」と言われています。

月々数万円の顧問料の元を取ろうとしているつもりはないのですが、地主が優秀なブレーンから学ぶことには、金額以上の大きな価値があります。

7章

どんなにいい取引先も疑ってかかれ

人に任せることができるのは運がいい

あの松下幸之助は体が弱かったそうですが「自分が体が弱かったのは運がいい、人に任せられるから」と言ったという逸話が残っています。

どんなに素晴らしい能力の持ち主でも、人間がひとりでできることはたかが知れています。自分以外の誰かに仕事を任せることができるかどうかが、その人の器ではないでしょうか。

任せたいと思う人物に出会うには、信頼できる一流の人から紹介してもらうのが最も効率的です。「あなたの知るなかで一番優秀な人を紹介してください」と依頼してみると、いい出会いに恵まれるのではないでしょうか。一流の人が紹介してくれる人物は、やはり一流です。

実際に多くの案件を処理し、現在も多くの顧客を抱えている人。それから相性もあると思いますが、打てば響くように話す人、質問しても言いよどんだりごまかしたりせず、はっきりモノを言ってくれる人を選びましょう。逆に実績がある人でも、話していてこちらが緊張したり、質問しづらい人はやめたほうがいいでしょう。

話していて面白くないと感じる人と付き合う必要はありません。

この場合でいう「面白さ」は芸人のような面白さではなく、中身のある面白さです。たとえば、弊社の弁護士の先生はめちゃくちゃ冷静なタイプですが、話していると面白い。「よし勝てる」という手応えを感じるからです。

なんのために会話をするのか、目的が分かって共有できているからこそ「面白い」と思えるんですよね。

つまり、ブレーンに選びたいのは、同じ目標を見てくれる人、同じ価値観でいられる人。「僕はこういう目標を立ててるんです」と言うと、それをきちんと聞いて、一緒にかなえようとしてくれる人です。

だからこそ直言で「これアカンわ」と言ってくれる人でないと困ります。「それは無理です」と、頭ごなしに意見を潰してくる人はよくありませんが、同じ目標を見すえて、一緒にそこへ向かって進んでいくために「このままやっとったら、アカンわ」と言ってくれる人が理想的です。

「五巡ルール」でブレーンをオーディションする

「鉄鋼王」とも称されたアメリカの実業家、アンドリュー・カーネギーは自分よりも優秀な人材が気持ちよく働ける会社を作る達人だったそうです。

彼の墓にはこう記されています。

「己より賢明なる人物を身辺に集める術を修めし者ここに眠る」

自分よりも優秀な人々をブレーンとして身辺に集めるためには、どうしたらいいのでしょうか。私の編み出した「五巡ルール」を紹介しましょう。

地主が抱える問題には無数の正解が存在します。その分野で専門家と言われる人に「この問題、どう解決したらいいと思いますか?」とぶつけてみましょう。

まずは、現状付き合いのある不動産会社や税理士、保険会社、銀行マン、それからセミナーで知り合ったり、知人に紹介してもらった人など、5人くらいの専門家にそれぞれ1~2時間くらいずつヒアリングをしてみます。

その際には「ほー、そうなんですね、へー」といかにも感心したような相槌を打って、できるだけ喋らせるのがポイントです。仕事を取りたいという下心もあって、結構張り切っていろいろと教えてくれるものです。その道の専門家の説明を違う角度から5回も聞けば、こちらは自然とその問題に対して詳しくなっています。

五巡したらその後もう一度、同じ専門家を呼んで話をします。その時には、こちらの知識はかなりアップしていますから、違った角度から切れ味鋭い質問を発することができます。すると、相手はビックリするわけです。前回は「すごいですねー」なんて言っていた私が、的を射た質問をするだけで「え?」みたいな感じになるわけですよ。

私が優しく「これはこうですよね?」と質問しても「そんなの知りません」「それは一般的には……」などと言いだす人はアウトです。

一般論ではなく、「あなたにとって最適な方法は何か」という提案ができる人を見つけられたらラッキーです。

自分のブレーン候補の人には、できれば最初から「あなたの実績はどのくらいですか?」「あなたは会社で何位の営業マンなんですか?」と聞いてみましょう。ちゃんとした実績のある人にとっては、数字がアピールポイントなので結構教えてくれます。数字は嘘をつきません。

アジェンダを作って送っておく

一流のプロは多忙です。面談時にムダな時間が生じるのはもったいない。優秀なブレーンたちの時間と手間を効率よく省いてあげたい、と私は思います。

そこで、面談の前に話し合いたいテーマや質問事項、面談のゴールなどを書いてメールで送っておきます。そうすれば、面談当日はすぐに本題・要点から入れます。

もちろんメモ書きでもいいのですが、時間があればしっかりとしたアジェンダを作るのがおすすめです。

アジェンダを書き出すことで、話し合いたい内容がハッキリして自分自身の頭の整理になると同時に、相手に対しても仕事としての重要感をより感じさせることができます。

「そんなもの作ったことがないよ」という人は、次の書式に沿ってワードで作ってみてはいかがでしょう。

◆アジェンダの書式

・会議名：
・会議の目的：
・参加者名：
・会議時間（全体時間）　00：00〜00：00
・場所：
・議題①：○○○○の決定　00：00〜00：00
・議題②：○○○○の共有　00：00〜00：00
・配布資料：
・メモ：

私は今でも、会社再建の時から付き合いがある弁護士・税理士・営業支援コンサルタントの顧問と定期的に面談をしています。

その際に毎回アジェンダを作って「今こういう取り組みをしているんだけど」と経営戦略的なことまで話しています。

何百もの優良企業の裏側まで見てきた一流のプロに、自分が実行しようとしている戦略について相談できるのは、私の性格やお互いの信頼関係もあるでしょうが、それだけでなく、アジェンダを用意して聞きたいことを明確にするという効果もあると思っています。

資料は大量に送りつける

どんなにすごいプロフェッショナルでも、情報不足では実力を発揮できません。優秀なブレーンに気持ちよく実力を発揮してもらうには、情報共有がポイントです。

自分の土地や自社の財政の情報は、伝えなければ分かりません。依頼者である地主からは、ちょっとでも関係することであれば、資料として送ったほうがいいですね。

「もし不要な資料だったら迷惑なんじゃないか」という気遣いは不要です。いらないものは無視してもらえばいいだけですから。

「足りないものを言ってくれれば送るよ」というスタンスは、忙しいブレーンに対してあまりよいやり方ではありません。先方に何が足りないのかリストアップする手間をはぶけますし、こちらも、再度資料を探してあちこちひっくり返したりすることになるとお互いに無駄な作業や待ち時間が生じます。

合理的に進めてもらうために資料は「最初に大量に送りつける」くらいでちょうどいいのです。

感情を語るのは素人、事実を語るのがプロ

人間は自分の言葉に共感してくれる人や褒めてくれる人を「いい人」と思いがちですが、地主業のブレーンは「いい人」である必要はありません。こちらが聞いたことに対して感情を交えずに、事実だけを語ってくれる人が適しています。

私の経験ですが、憶測で「いけると思います！」などという人は危険です。自分の

感情を交えて話す人に、結果が伴うことはありません。

私が自分の土地を売却交渉する際に、複数の不動産会社から見積を取って話したことはすでに第1部に書きました。所長クラスでも多くの人が感情に訴えかけてくるのに対し、ある会社の所長だけは自分の勝手な憶測を入れずに、不動産の売却の流れを事実と論理だけで話してくれました。そして結局、その会社が一番高く売ってくれました。

介護や保育など結果ではなく過程そのものが大切な仕事ならば、感情に訴えかけるのもいいでしょう。しかし、地主業は結果ありきのビジネスです。感情に訴えかけてくる人、うわべの安心感をくれるだけの「いい人」に引っかかってはいけません。その場では気持ちは楽になるかも知れませんが、もし結果が違ったら、その「いい人」を恨むことになってしまいます。

ブレーンには妥当な報酬を支払う

大きな会社は「何か困ったことがあったら大変」と、保険代わりに弁護士や税理士を顧問にしていることが多いでしょう。それに倣って地主業でも「顧問をつけたい」と考える方は少なくありません。

「何も仕事が発生しないのにお金を払うのはもったいない」「いや、転ばぬ先の杖が大切だ」どちらの意見も妥当です。自分の置かれた状況で判断するしかありません。

ひとつ言えるのは、ブレーンとしてお願いするからには妥当な金額を払う必要があるということです。

一流のブレーンといえる専門家のギャラは、正直言って高額です。しかし、値段以上の価値があります。

もしもケチって「安かろう悪かろう」の専門家にお願いした場合、いざというとき全く頼りにならず、後悔する結果となるでしょう。

ブレーンにはケチケチせず妥当な金額を支払うことが、気持ちよく働いてもらう最良の方法です。

8章
損をしない経営・交渉・相続術

なめられているときがチャンス

「鋭さを表に出すのは二流、本当に賢い人間は大バカ者に見える」司馬遼太郎

坂本龍馬は顔も洗わず風呂も嫌いでむちゃくちゃ汚かった、といいます。

普通の人から見たら大まぬけにしか見えなかったそうです。

司馬遼太郎は小説『竜馬がゆく』のなかでこう書いています。

「第一流の人物というのは、少々、馬鹿にみえる。少々どころか、凡人の眼からみれば大馬鹿の間ぬけにみえるときがある」

つまり、一流の人間はパッと見三流に見える。「俺はできるぞ」というかのようにビシッとした人は二流だ、ということです。

普通の人は軽んじられたりなめられたりするのを嫌がりますが、逆になめられているくらいのほうがいい、と私は思います。

相手は「どうせ何もできやしない」と油断します。その間に、こちらは水面下で着々と、計画を進めることができるのですから。

二流三流の人物と争う際は、わざとまぬけなふりをしておくほうが、都合のいいこともあるのです。

言いたいことはメモしておく

「口下手で交渉が苦手」「いざとなるとハッキリ言えない」という地主は、多いのではないでしょうか。

日本人の大多数は自分の意見を主張するのが苦手です。元々の民族性もあるでしょうし、学校教育のせいもあるでしょう。そのうえ地主の家に生まれた人は、いい意味でも悪い意味でも、育ちがよくて大人しく上品な人が多い。百戦錬磨の銀行マンや押しの強い営業マンに自分の意見を言えずに、ついつい言われるがままにハンコを押してしまう、という事態が発生してしまうわけです。

私もそうでした。最初のうちは自分の意見がなかったし、意見を持つようになってもなかなか言いだせませんでした。

でも、数々の交渉の経験や叔父との裁判で学んだことが私を強くしました。自分自身や大切な人を守るためにも必要なときにはきっぱり言わなければなりません。それがお互いのためです。

そこでおすすめの戦略が「言いたいことを書いておく」です。「言う」のではなく「読み上げる」ようにすれば、言いたいことをきちんと伝えることができます。

このやり方は、相手に言いにくいことほど有効です。目線はメモに落とせますから相手を見なくてもいい。しかも、言いにくいことでもハッキリ言えます。つい余計なことまで喋りすぎてしまう人や、感情的になりやすい人にもおすすめです。

また、多くの地主は良くも悪くも育ちがいいため、断るのが苦手な人が多いようです。

先輩や恩人など、断りにくい相手から頼まれごとを持ち込まれて、不快な思いをした経験のある人も少なくないでしょう。

断るときは「自分は応えてあげたいんだけど、うちの先生がね」と弁護士や税理士からNGが出ている、という形にしておくと角が立ちません。

要望は口に出す

交渉というものは「どれだけはっきり自分の要求を口に出して言うか」ですが、あらかじめ人が持つ交渉力の強さにはヒエラルキーがあります。そのなかで資産家、著名人、政治家の交渉力が一番強い。地主は資産家ですから、交渉力のポテンシャルはあります。交渉と言っても国家の外交をしているわけではないので難しく考えず、イチ地主の交渉だと思いましょう。

要望があるなら、必ず口に出したほうがいいです。口にすれば、受け入れられる確率は高くなります。

たとえば私は、最後の裁判の際に「2月5日に東京でセミナーに登壇する予定だから、それまでに終わらせるように裁判官に言ってもらえませんか」と弁護士にお願いしました。そうしたら、1月31日に裁判は無事に終わりました。

私ほど要望をストレートに伝えるのは難しいかも知れませんが、相手が誰であれ、自分の要望は口に出してもいいのです。合わない相手なら勝手に向こうから去って行きます。二度と会わない業者に気をつかう必要はありません。

クレームは「お客様相談窓口」へ

業者が思うような仕事をしてくれない、期待通りにならないとき「このくらいのことで波風を立てるのは……」と黙ってしまう地主が多くいます。

さらに大多数の日本人は苦情や契約解除を伝えるのが苦手です。

担当者に直接伝えるとなると、言いにくさから、つい弱腰になったり、相手に言いくるめられて「あれ、こっちが悪かったのかな……」などと思わされてしまいます。

だからといって黙っていれば、不利な状況からは抜け出せません。クレームはしっかり伝えるべきです。

クレームを伝えるコツは、担当者や支店に伝えるのではなく、気後れせずに本社の「お客様相談室」など、大本の窓口に連絡をすることです。それで担当者を変えてもらうか、対応によっては別の業者への乗り換えも検討します。業者の代わりはいくらでもいるのですから。

土地は活用してなんぼ

条件がいいのにポテンシャルを活かし切れていない土地を見ると悲しくなります。日本中に全く活用されていない土地があります。

土地はそのままではただの地面です。しかし、貸店舗を作れば地域の利便性を向上させることができますし、マンションを建てれば地域の人々の住居になります。土地を活用することは、自分自身は収入を得ながら、同時に人々に喜ばれ、地域を活性化させることでもあるのです。世の中にこんな素晴らしいプラスの循環を生み出せるのは地主だけです。

土地をしっかり活用することは、地主にできる最大の地域貢献です。

遊んでいる土地があるときは、まず不動産会社に「この土地をどう活用したらいいか」相談してみるのがベストでしょう。ひとりだけでなく複数人に聞く、というのは先に説明した通りです。

そして、方針を決めたら行動は素早く。

「一番の法則」をご存じでしょうか。

日本で一番高い山は？　と聞かれれば、子どもだって「富士山！」と答えられるでしょう。では日本で二番目に高い山は？　と聞かれて答えられる人は多くありません（正解は南アルプスの北岳３１９３ｍ）。一番手は誰でも知っている、同じやるなら一番に手を出したほうがいい。そういえば二番煎じという言葉もありますね。

たとえば、隣接している同じような広さの二つの土地があったとします。隣の土地の所有者がファミレスを誘致して繁盛しました。ここはファミレスに向いているんだと分かった。だからといって自分の土地でも同じチェーンのファミレスを誘致したいと考えますか？　近すぎて共倒れになるのがオチですから普通は避けます。最初にフアミレスだと気付いて、誘致した人だけが得をする。何事も一番手が有利です。

しかし、一番手になろうとすると「前例がない」「そんなのダメに決まっている」といった抵抗がつきものです。それに対して、しっかり反論できるだけの根拠を自分のなかに持てるよう、知識と優秀な不動産会社のアドバイスと熟考が必要です。

賃貸物件は建て直しよりリノベを考える

すでに賃貸物件を所有しているなら、あるものをどう活用していくか、という視点で考え、情報収集をすることが大切です。

建物があって入居者がいる状態で、新しく何かを建設しようとすれば、入居者の退去や既存建物の取り壊しなど、コストがかかるうえ成功の保証もありません。そんなリスクの高いことをするより、同じ立地でも人気物件になるよう、建物内のリノベーションをがんばっていくべきでしょう。また敷地内の駐車場が空いているならコインパーキングを誘致するのもよいでしょう。

時代とともにインテリアの流行も入居者のニーズも変わります。時代に合ったリノベーションの情報を収集するには『家主と地主』などの専門誌を参考にするといいでしょう。

いい管理会社とだけ付き合え

賃貸物件の管理は、管理会社に丸投げで任せるのが正しいやり方です。

「大家さん」と持ち上げられるのが嬉しいのか、管理会社を信頼できないのか、たまに、全ての管理を自分でやろうとする地主がいます。これはまずいやり方です。

地主は大家として誠実な人間とだけ認識しておいてもらえば、入居者と仲良くする必要はないし、信頼の置ける管理会社があるのなら、お金も時間も労力も節約できるのですから。

管理会社は不動産会社の管理部門でも、管理専門の会社でも、どちらでもいいでしょう。ただ「うちは貸店舗が得意です」「マンション専門で貸店舗はやってません」というように、会社によって得意不得意があります。自分の持っている物件にマッチした管理会社を選びましょう。

そういった管理会社をどう見つけたらいいのか、という疑問を持たれる方もいるでしょう。私の場合は、複数の管理会社と面談して価格も品質もベストな管理会社に出会えました。192ページに書いた「五巡ルール」で探せば、時間はかかりますが、必ずいい業者にめぐりあうことができるはずです。

厄介なサブリース

業者が一括借り上げで家賃を保証する「サブリース」をご存じでしょうか。

あまり知識がない地主は「一括借り上げで管理は不要、家賃は保証しますよ!」なんて言われたら「いい話じゃないか!」と思ってしまうかも知れません。しかし、サブリースはおすすめしません。

まず、賃借人と地主の間にサブリース業者が入るため、家賃は割高なのに地主の収入は少なくなります。さらに、物件管理が契約通りなされない、借り上げ期限が切れた瞬間に入居者がこぞって退出を始める、文句を言うと入居者を全部別の物件に引っ越しさせる、満室にするために勝手に家賃を下げるといった非道が平気でおこなわれているのがサブリースの現状です。

不利なサブリース契約をしてしまうのは、地主が「簡単に稼ぎたい」と思って、目の前の「おいしい話」に飛びついてしまうからです。きちんと情報を調べ、いろいろな人の話を聞き、自分の頭で判断していれば、いかに地主にとってよくない話かが分かるでしょう。

実は、私も以前はサブリース契約のマンションを所有していました。同じような条件の部屋と比べてそこだけ家賃が安く、しかも空室が出るとサブリース会社が勝手に家賃を下げて募集するなど、腹の立つことばかりだったので解約しました。

なかには、相続税対策のために、あなたの土地にマンションを建ててサブリースで管理するというプランを持ってくる業者もいます。

マンションの建築費をローンにすれば総資産額が減らせるため節税になり、しかもマンションの家賃収入が得られるというのですが、長期にわたってその業者が信頼できるのか、遺産を引き継ぐ人がマンションの形で相続したいのかなど、検討しなければばならない項目が多くあります。

借地人が賃料交渉業者を連れてきたら？

「賃料交渉会社」の存在をご存じでしょうか。

賃借人の代理として、地主に賃料の交渉をして、下がればそれに見合った手数料を賃借人から受け取る業者です。

実際、私のところにも賃料交渉会社の交渉人が来たことがあります。

彼らは弊社の小売店の賃料を下げさせるために、小売業界自体が斜陽産業であり将来性がないことをデータで説明したうえで、全国にある店舗の賃料と比べたときに若干高いほうに位置していたことを理由に下げてほしいと交渉してきました。「世間一般」を振りかざし、同調圧力で思い通りにしようという作戦です。

自分の立地と周りの賃料の状況とのバランスもあるでしょうが、はたして周りの賃料など調べられるものでしょうか。直接地主に聞いてまわるのか？　地主はそんなことベラベラ話しません。

賃料を下げてくれと言われたら、普通の地主は出て行かれるのが恐くて言われた通りに下げてしまう人が多いでしょう。一度出て行かれると新しい借り手が見つかるまで、その土地からは収入が得られないのですから。

でも、こちらには下げる理由がありません。同調圧力に屈しなくてもいいのです。私のところに来た業者には「弊社もそれ相応の出資をして物件を建てている。こちらには賃料を下げる理由はありません」といってお帰りいただきました。

逆に言えば、地主から「値上げに応じなければ契約を更新しない！」と言ってもいいのです。実際は多くの地主が遠慮して値上げを言い出せませんが、地主は周囲に合わせる必要はない、ということを知っておいてください。

中期経営計画より大切なこと

地主業は貸している物件の契約期間が経営の節目となるため、日本の企業がよく作る3年や5年の「中期経営計画」のようなものは不要です。

ただ、無計画ではいけません。現在所有している土地や物件をどのように運用していくか、という計画は契約期間が満了する数年前から練っておくべきです。借地借家法は賃貸借を借り手の都合で解除できても、貸し手側の都合で解除できない、地主にとっては不利にできている法律です。

借り手は、契約書に書かれている違約金などの条件を満たしさえすれば、自分の都合のいいときに出ていけますが、地主は、契約期間中はもちろん、契約期間満了のタイミングであっても、更新を拒絶するには、賃借人の承諾が必要であり、場合によって賃借人が納得するだけの立ち退き料を支払わなければなりません。

だから、地主側としては、契約更新のタイミングを把握して、そこで勝負をかけていく。その時期は分かっているのですから、それに合わせて何年も何年もかけて考え続けることが必要となるのです。

売るのか、所有してそのまま同じように貸すのか、違う建物を建てて勝負に出るのか。建物を建てるタイミングはある程度コントロールできますが、銀行から借りて建てて賃料収入で回収できるのか、収支計画をじっくり練らなければなりません。

割に合うか合わないか、さまざまなケースをシミュレーションし計算するのです。あくせく働くのではなく、このように戦略を練ることが地主の仕事です。

売値は高めに設定する

土地を売るとき「こうしたら高く売れる」といったようなルールや公式を求める人もいるでしょう。残念ながら決まった公式はありませんが、「自分の土地はどうしたら高く売れるだろうか」と考えるのはいいことです。

立地のよさや将来性のアピールはもちろんしなければなりません。人口動態や将来の発展性など、アピールのための材料は不動産会社や市役所などで入手できます。

いくらで売りたいのか、目標を設定するのは自分次第です。どうやって高い値をつけさせるか、そこはトライしてなんぼのものでしょう。いくら高くてもたった1人の買い手を見つければいいだけですから、自分の判断でやっていくべきだと思います。

相場や状況を把握する必要はあると思いますが、それは目標を設定するため。売主としては目標額は相場より高く設定するのが妥当だと思っています。

会社の借金を返済しないといけないと死にものぐるいであったけれども、私は事業再建中に「8000万円にしかならない」と言われた土地を1億6100万円で売り抜きました。これは運がよかったとか、たまたま偶然が重なったのではなく、目標を高めに設定していたからです。目標は2億円に設定していました。

目標以上のことは達成できません。高い目標を掲げていれば潜在意識がそれを実現化しようとする。すると現実のほうから近付いてきます。

売却は大手、誘致は地元の中小が優位

大きな金額で売買するとき、見積は1社ではなく、複数の競合他社からアイミツ（相見積）をとることは多くの方が実践していると思います。

でも、もしかしたら、たった2～3社くらいを比較検討して終わり、というケースが多いのではないでしょうか。

私は先程説明した土地を交渉の結果、市場価格の倍以上の価格で売却に成功しましたが、このとき不動産会社12社と交渉しています。

12社に聞いてみるとそれぞれの考え方や得意分野といった特性が見えてきます。

全社に出させた見積額をエクセルにまとめ、順位をつけました。

1位がT社の1億6100万円、2位が1億3700万円、一番低いところがたったの7500万円……こんなに幅があるものかと驚きました。

手広くやっている大手不動産会社と地元密着型の業者と、どちらと付き合ったらいいのか、結論から言うと、両者と付き合い、場面によって使い分けるのがいいでしょう。

たとえば、土地を売却する際は大手の会社、自分の土地に借り手を誘致してくるならば地元の中小の不動産会社に頼むといったやり方です。

土地の買い手を見つけてくるのは、顧客の母数の多い大手のほうが得意です。土地を買いたいという人をどれだけ知っているかという話ですから、やはり大手が強い傾向があります。

一方で、誘致は地元の情報に精通していないとダメです。地元の細々した物件情報は地元の会社が全部押さえている。だから、地元で土地の情報に詳しい不動産会社の話を聞くことは重要です。一度、私の所有する土地に大手ハウスメーカーの系列の優秀な人に来てもらったことがありましたが「小規模の面積ではお互いの収支が合わないので、地元密着の優秀な業者さんに頼まれたほうがいいですよ」と言われてしまいました。

時代に合った形で残す

地主の家に生まれた人は「先祖から引き継いだ土地はしっかり後世に残していかなければ！」と考えがちです。しかし私は「それは違う」と思います。

時代によって人の生き方が変わるように、土地の需要も変わるのは当然です。時代に合った残し方がベストです。

だから、売却することは悪いことではありません。

でも「売却して現金を得たら、すぐに次の物件を建てて組み替えしなければいけない」というのは、不動産会社がよく使う手法です。

賢い地主はそれにだまされてはいけません。なぜ彼らは土地を売って次の土地に飛びつかなければいけないように思いこませたいのか、考えてみれば分かります。

不動産会社が手数料を取りたいからなのです。彼らの言う通りに右から左に金を動かす必要はありません。

土地を売ったお金ですぐに次の物件を買うのは、地主業ではなく、不動産投資です。「絶対にこの人の提言なら失敗しない」という保証のあるプロの不動産投資家がブレーンとしてついているのであれば、それもいいのでしょうが、物件を売ったお金だから次もまた物件として買わなければならない、という理由はどこにもありません。預金として一旦置いておく、信頼できるプライベートバンキングを付けて証券投資に回す、なども検討できます。

無策で3代相続すると財産をなくす

地主は土地を貸してさえいれば、寝ていてもお金が定期的に入ってきます。

「こんな先の見えない時代に下手に動くより、何もしないで現状維持していくのが得策じゃないか」と思う方もいるでしょう。

そう考えるのも分かりますが、上策ではありません。なぜなら、将来確実に「相続」という魔物が私達を襲うからです。

日本の相続税は高いため、何も相続対策をしないで3代相続が続くと財産がなくなってしまう、という人さえいるほどです。高い相続税を払うために土地を切り売りすることが何世代も続けば、財産がどんどん減っていってしまうのは明らかです。

親の相続のときは、それでも思ったより高く売れたかもしれません。でも、あなたの相続のときに高く売れるとは限りませんし、将来はもっと分かりません。

現状維持は後退です。

死なない人はいないのですから、相続はいずれ誰にでも訪れます。

それなのに相続対策・相続税対策を何もしないというのは、やがて地主を降りる「ただの人」コースに乗っている、ということを念頭に置いてください。

逆にしっかり相続対策をすれば、この先も安心して地主業に邁進できます。

たとえば、親の相続税額が気になるなら現状でいくら支払わなければならないか税理士に確認することからスタートしましょう。

地主の家は「争続」になりやすい

遺産相続のトラブルを「争続」というそうです。資産家のなかでも地主の家は争続になりやすいので注意が必要です。核家族が増え、自身の権利をはっきりと主張する時代になってきたからでしょう。

特に、本家の長男で家を継ぐことが決まっており、将来的に争続になって遺留分を確実に請求される可能性が高い人は、覚悟をもって親に遺言の作成を依頼したり、将来的に請求される遺留分の額を算出し、それを支払える現金を準備しておいてほしいと思います。

土地の相続をひとりに集中させると「ずるい」と争いが起こりがちです。だからといって、きょうだい間で平等に土地を分割して相続していくことが続けば、やがて土地は細切れになり、子孫に残せなくなってしまいます。

収益性のない土地を誰が引き受けるのかといった問題もあるでしょう。残念ながら現状の地主の相続は、目の前の相続税や財産争いに気を取られ、木を見て森を見ずの相続対策がほとんどです。

相続対策は、モメないようにすること、相続税を支払えるようにすること、相続税が安くなるようにすること、この3つが大切です。もし親が何もしていなかったら子ども世代が動かなければなりません。

具体的にどのようにしたらいいのかは、財産の形や法定相続人に誰がいるかなどによって変わってきます。無数の要素が絡み合っているので、全てに当てはまる絶対的な正解はありません。

相続にくわしい優秀な税理士、弁護士に相談しながら確実に進めていきましょう。

縁起でもないことを言いますが、人の命は不確実です。私の父も祖母も、突然でした。「万が一」といいますが、いつその日が来るかは誰にも分かりません。私はその

「万が一」が2回ありました。

相続対策の心得としては「誰もが必ず死ぬ」という事実を忘れないことだと私は思います。

まずは「遺言書」を作る

私たちの親世代やその上のおじいちゃん、おばあちゃんたちは「長男が家を継げばいい」「遺言書なんてテレビの世界の話」と思っている人がまだ大勢いますが、家督相続は戦前の話で時代は変わっています。

相続対策の第一歩は、しっかりとした遺言書を作ることです。遺言書は手書きでも作れますが、書式を外れると法的に認められなかったり、開封時に家庭裁判所で手続きが必要だったりと面倒なため、「公正証書遺言」にすることをおすすめします。

公正証書遺言は公証人役場で作成します。遺言を作成する前に税理士、弁護士両方とじっくり話し合い、自分の相続だけでなくその次の相続までを視野に入れた内容にすることが大切です。遺言書を作らずに土地活用を進めて収益を増やしていることは、逆に争いの種を増やしていることなのです。

「遺留分」という言葉を知っていますか?

相続税についてまったく知らない状態で相続を迎えるのは、地主にとって得策ではありません。

たとえば、裁判で叔父が主張してきた「遺留分」とは、きょうだい以外の法定相続人は遺言にどんなことが書いてあっても、一定の割合の財産を相続できるという権利です。第1部に書いた2回目の裁判で叔父達が請求してきた権利です。

ネットに情報はあふれていますし、相続対策の入門書や雑誌も数多く出ています。今のうちに税理士、弁護士に確認するか数冊ほど目を通して相続の概略を摑んでおきましょう。相続が発生してから勉強するのでは遅すぎます。日本では金銭教育が浸透しておらず、お金の話を嫌う人もいるため、一般の人には金融リテラシーが育っていません。勤め人ならそのままでもいいでしょうが、地主としては知っているのと知らないのとでは雲泥の差です。

法律は改訂されますから基本的な知識は押さえたうえで、さらに日々ブラッシュアップに励みたいものです。

子どもに土地を残すのか、お金を残すのか?

地主の財産は、自分の子や孫へと引き継がれていきます。しかしこの時代、子どもに残す財産を「土地」にするのか「お金」にするのか、悩んでしまう方もいるでしょう。

私は土地かお金か、どちらかの二択ではなく、土地もお金も、両方残してあげればいいのではないかと思います。財産の半分は現金、半分は土地、といったように。

地主の資産は9割以上が不動産です。私が相続したときもそうでしたが、9年たった現在、金融資産3:不動産7くらいの割合になりました。収益を生み出さない土地は売って現金にして、収益性の高い土地は土地のまま子どもに引き継がせようと考えています。

財産の引継ぎという観点で考えるならば、自分が親から引き継いだときの相続はどうだったのか、きちんと記録して、次世代に伝えることは地主の大切な仕事の一つです。

伝え方は口頭でもいいのですが、書き残しておいたほうが確実です。

賢い地主が日本を救う

「貧となり富となる。偶然にあらず、富も因て来る処あり。貧も因て来る処あり。人皆貨財は富者の処に集まると思へども然らず。節倹なる処と勉強する処に集まるなり」

二宮尊徳

私は、自ら学んで賢い地主に変わろうという人の背中を押したいと思っています。

地主が地主業としてうまく不動産活用ができるようになると、地主本人が幸せになります。不労収入が増え、時間もできるため、自己実現に時間を割くことができます。

そんな賢い地主が増えたらどうなるか、想像してみてください。

まず、地主をだまして不当な利益を得るような不誠実な会社は、どんどん淘汰されていくでしょう。

すると、土地は今より適切に活用されるようになります。商業施設や住宅など、相応しい場所に相応しいものが作られるようになり、町全体、地域全体が活性化されるでしょう。その結果、現状よりずっと住みやすくなります。

賢い地主は地域の人々に貢献し、尊敬されながら、副次的に自分自身の土地の価値も上げて利益を増やすという好循環を作りだしていくのです。

もしも日本中がそんな賢い地主ばかりになったら……停滞している経済は上向きになり、文化教育、福祉の分野でも住みやすい国になるに違いありません。

賢い地主を増やしていくことが、結果的にこの国を救うのではないか、と私は考えているのです。

あとがき

人生は「生まれ持って与えられたもの」と「後天的なもの」のかけ算ではないでしょうか。

何を受け継ぐかは運です。でも、それを生かすも殺すもその人の努力次第です。

地主の家に生まれた私は、本来の「運」は比較的よかったといえるでしょう。しかし、会社を建て直す以前の私は、与えられた「運」を無視して、自分の「努力」だけで成果を出そうと考えていました。運を活かそうとしていなかった、という視点で見ると、上京していた時代に何もかもがうまくいかなかったのは必然だったのかも知れない、とさえ思えてくるのです。

父の死をきっかけに実家に戻り、会社再建に取り組むなかで、私は自分の「運」と否応なく向き合わされました。

地主の家に生まれたという幸運もあり、叔父の作った莫大な借金という不運もありました。

幸運も不運も、与えられた運の全てを自分のものとして受け入れ、そこに努力を掛け合わせることで、困難を乗り越えることができました。つまり、今の私があるのは、運だけでも努力だけでもなかった、と思っています。

現在は、非常に幸せで、ストレスフリーな毎日を送っています。

望む通りの結末にはなったのですが、それでも苦労をしてよかったなどとは、これっぽっちも思っていません。

もし、私がもっといろいろなことを早く理解して、うまく立ち回っていれば……。もっと早く地主業に目覚めていたら……。余計な苦労や心配をせずに、現在のような状態がもっと早く実現できただろうという、後悔に似た気持ちを抱いています。

この本を読んでくださった方には、私と同じような体験は絶対にしてほしくない、と強く願っています。辛酸をなめるのは、私だけで十分です。

私のような辛い体験をしなくても「運」と「努力」の相乗効果は生み出せるはずです。その思いが出版の原動力になりました。


昔ながらのぬるま湯に首まで浸かり、気が付いたときにはすでに「ゆでガエル」になってしまっていた……なんてことにならないうちに、地主業に気付いた今、この瞬間から変化をはじめるタイミングです。

まずは、自ら学び、考え、行動してみませんか。

私は、そんな目覚めた地主たちを応援したいと心から思っています。


最後になりましたが、本書の上梓にあたり、ご尽力いただきました株式会社ライフメトリクスの辻盛英一社長、株式会社天才工場の吉田浩社長、石野みどり専務、スタッフのみなさん、株式会社幻冬舎の福島広司常務取締役、寺西鷹司さん、編集協力の上村雅代さん、曽田照子さんに、この場を借りてお礼を申しあげます。ありがとうございました。

令和3年6月

芝田泰明

付録 各種経営管理表

支出①				支出②						
地代		給与		固定資産税（都市計画税）			経費			
私	親	私	親	科目	個人	法人	科目	個人	法人	備考
				建物						
				土地						
				建物						
				土地						
				建物						
				土地						
				建物						
				土地						
				建物						
				土地						

支出①小計				支出①小計					

■ **法人実効税　利益シミュレーション**

税引前利益	実効税率	税	キャッシュ残
400万円以下	21.42%		
800万円以下	23.20%		
800万円以上	33.59%		
	—		

※こちらは学者や専門家が作ったものではなく、著者自身が見やすいように作成したものです。参考程度にとどめて頂き、読者様自身でカスタマイズしてお使いください。

キャッシュフロー経営MAP　～年間売上高予測及び収支全体の流れ～

概要：

1. 目的：資金の流れを明確にし、キャッシュポジションを高める
2. 借入金元本返済：借入返済は経費に適用されず現預金から支払われることに注意
3. 税引前純利益：借入返済には税金支払後の残金（税引後利益）が返済原資になるため最低でも〇〇〇円利益を出す必要有

全体売上高									
大項目		中項目			小項目				
No.	住所 坪数	法人 個人	No.	所有者	No.	名称 賃料振込口座	業態	名称	賃料／月 （税込）
Ⅰ			1	建物： 土地：	①				
Ⅱ			2	建物： 土地：	②				
Ⅲ			3	建物： 土地：	③				
Ⅳ			4	建物： 土地：	④				
Ⅴ			5	建物： 土地：	⑤				

内部留保
試算結果

合計	月間	売上高	全体売上	芝田久右衛門	
		支出①	地代・給与	私	
				親	
		支出②	固定資産税 （都市計画税）	個人	
				法人	
			経費	個人	
				法人	
		税引前純利益	法人利益	法人	
	年間	売上高		芝田久右衛門	
		税引前純利益	法人利益	芝田久右衛門	
		利益率			

合計	月間	個人収支	私	
			親	
	年間		私	
			親	

	保険料（年・一括）	保険料（月）	保険タイプ	契約年月日	振替日

	保険料（年・一括）	保険料（月）	保険タイプ	契約年月日	振替日

	保険料（年・一括）	保険料（月）	保険タイプ	契約年月日	振替日

	保険金額	保険料	契約日	満期	対象（住所・名称）	支払方法

保険管理表

■死亡保険

個人／法人	契約者	被保険者	保険会社	商品	保障	支払方法	

■病気・ケガ

個人／法人	契約者	被保険者	保険会社	商品	保障	支払方法	

■自動車

個人／法人	契約者	被保険者	保険会社	商品	保障	支払方法	

■火災保険

個人／法人	契約者	被保険者	保険会社	商品	

年間		
固定資産税額	所有権	負担額

月間		
固定資産税額	所有権	負担額

年間		
固定資産税額	所有権	負担額

月間		
固定資産税額	所有権	負担額

年間		
固定資産税額	所有権	負担額

月間		
固定資産税額	所有権	負担額

固定資産税管理表

■私

所在地	区分	建物名称	
		合計	

■親

所在地	区分	建物名称	
		合計	

■法人

所在地	区分	建物名称	
		合計	

不動産賃貸物件管理表

No.	住所	物件概要	契約期限	契約期間	契約年数残	竣工日	築年数	保証金
1								
2								
3								
4								
5								

同族間契約書管理表

概要：
不動産贈与契約書・土地賃貸契約書・建物賃貸契約書・土地売買契約書・建物売買契約書など同族間の契約書を記入

No.	契約書名	賃貸人	賃借人	物件名	賃料／月	契約締結日	契約書概要
1							
2							
3							
4							
5							
6							
7							
8							
9							
10							

〈著者プロフィール〉
芝田泰明（しばた・やすあき）
株式会社芝田久右衛門代表取締役。株式会社地主ドットコム代表取締役。
1978年兵庫県生まれ。2012年父親の急死により、不動産業および、書店・レンタルビデオ・インターネットカフェを経営する同族グループ会社の代表として債務超過に陥っていた同社グループの経営再建に着手。将来敵対することになる創業者であり前代表の叔父が意図的に分散させていた株式を回収し100%株主となることにより、同社グループの立て直しに成功。更に一族全体の財産問題も含め8年がかりで全ての解決に成功。株式会社芝田久右衛門代表取締役。自身の経験を多くの地主の役にたててもらおうと、2021年6月株式会社地主ドットコムを設立し、講演会や執筆活動も積極的に行っている。

地主のための資産防衛術

2021年6月28日　第1刷発行

著　者　芝田泰明
発行人　見城 徹
編集人　福島広司
編集者　寺西鷹司

GENTOSHA

発行所　株式会社 幻冬舎
〒151-0051　東京都渋谷区千駄ヶ谷4-9-7

電話　03(5411)6211(編集)
03(5411)6222(営業)
振替　00120-8-767643
印刷・製本所　株式会社 光邦

検印廃止

万一、落丁乱丁のある場合は送料小社負担でお取替致します。小社宛にお送り下さい。本書の一部あるいは全部を無断で複写複製することは、法律で認められた場合を除き、著作権の侵害となります。定価はカバーに表示してあります。

© YASUAKI SHIBATA, GENTOSHA 2021
Printed in Japan
ISBN978-4-344-03805-9　C0095
幻冬舎ホームページアドレス　https://www.gentosha.co.jp/

この本に関するご意見・ご感想をメールでお寄せいただく場合は、
comment@gentosha.co.jpまで。